GONGLU SHUIYUN
GONGCHENG SHIGONG
ANQUAN BIAOZHUNHUA ZHINAN

公路水运工程施工
安全标准化指南

交通运输部工程质量监督局　组织编写

U0785359

人民交通出版社
China Communications Press

图书在版编目（CIP）数据

公路水运工程施工安全标准化指南 / 交通运输部工程质量监督局组织编写. -- 北京：人民交通出版社，2013.6

ISBN 978-7-114-10665-1

Ⅰ.①公… Ⅱ.①交… Ⅲ.①道路工程—工程施工—安全标准—中国—指南②航道工程—工程施工—安全标准—中国—指南 Ⅳ.①U415.12-62②U615.1-62

中国版本图书馆CIP数据核字（2013）第118032号

书　　名： 公路水运工程施工安全标准化指南
著 作 者： 交通运输部工程质量监督局
责任编辑： 孙玺　王文华
出版发行： 人民交通出版社
地　　址：（100011）北京市朝阳区安定门外外馆斜街3号
网　　址： http://www.ccpress.com.cn
销售电话：（010）59757973
总 经 销： 人民交通出版社发行部
经　　销： 各地新华书店
印　　刷： 中国电影出版社印刷厂
开　　本： 880 × 1230　1/16
印　　张： 10.75
字　　数： 213千
版　　次： 2013年6月　第1版
印　　次： 2024年3月　第24次印刷
书　　号： ISBN 978-7-114-10665-1
定　　价： 58.00元

《公路水运工程施工安全标准化指南》
编审委员会

审定委员会

主　　任：李彦武

副 主 任：黄　勇

委　　员：陈　萍　郑京杰　林国仁　何　光　马玉臣
周绪利　李庆伟　林学春　张　鸿　周　刚
吴向民　程　昊　桂志敬

编写委员会

主　　编：黄　勇

副 主 编：陈　萍　王增贤　黄　兴　常福立

编　　写：桂志敬　楼重华　王　辉　陈学雄　普文云
王立强　杨黔江　黄淞文　肖　冰　马贤贵
章　渝　张　燕　张　斌　许白龙　苗　鹏
罗海峰　肖殿良　彭建华　张　宇

统　　稿：郑京杰　楼重华　王　辉　普文云　王立强　桂志敬

序　言

安全生产事关人民群众生命财产安全，是社会文明进步的重要标志，是全面建成小康社会宏伟目标的重要内容。

随着我国交通基础设施建设规模的不断增扩大，建设资源供给与需求不适应的矛盾逐渐显现，经济社会发展方式转变对工程安全提出了新的更高要求，生产安全面临着前所未有的压力和挑战。

“立久安之势，成长治之业”。不断推进安全生产标准化，是安全生产的根本保障。推行安全生产标准化，不仅是解决当前建设任务日益繁重与管理力量相对有限这一矛盾的有效举措，更是夯实筑牢安全生产基础的重要途径。安全生产标准化的内涵，就是把工程管理的相关要素最大限度地整合优化，明确设定符合实际、符合规范要求的操作性标准，并推动落实到安全生产各个环节，从而实现项目管理更加规范、施工场地更加有序、管理流程更加合理、安全施工更加到位。

一直以来，各级交通运输主管部门高度重视生产安全工作，认真践行“以人为本，关爱生命”理念，不断加大行业监管力度，组织开展“平安工地”建设活动，成效显著；在隐患治理、安全防护、应急工作、安全教育、安全管理信息化等方面提出了规范化要求，安全生产标准化建设明显加强。

为进一步规范施工安全管理，防范生产安全事故，部质监局组织福建、湖南等地编写了《公路水运工程施工安全标准化指南》（以下简称《指南》）。《指南》充分吸收、总结各地区的成熟经验，图文并茂、形象生动地解析了施工安全标准化在基础管理、场地布设和施工防护等方面的具体要求，具有较强的针对性和操作性。希望《指南》能成为广大建设管理者的良师益友，并在实践中不断完善。

安全生产是你我共同的责任和心愿。从我做起，关注安全，把施工安全标准化要求推动落实到安全生产各个环节，实现人、物与系统的安全可靠性，真正达到“本质安全”要求，为交通基础设施建设安全生产发展做出应有贡献。

交通运输部副部长

2013年5月29日

编写说明

为深入贯彻党中央、国务院关于加强安全生产工作的一系列部署，牢固树立“以人为本、安全发展”的科学理念，进一步强化公路水运工程安全生产基层基础工作，交通运输部从2010年起开展“平安工地”建设活动，大力推行施工安全标准化，有效遏制了重特大生产安全事故的发生，创建了一批“零伤亡”工程，形成了许多宝贵的经验和典型做法。结合近年来“平安工地”建设成果，秉承现代工程安全管理新理念，部质监局组织福建省交通建设质量安全监督局、湖南省交通建设质量安全监督管理局、中国交通建设集团有限公司等为主的8家单位共同编写了《公路水运工程施工安全标准化指南》（以下简称《指南》）。《指南》以“基础管理、场地布设和施工防护”为重点，针对施工安全生产薄弱环节和事故易发多发部位，有针对性地提出了现阶段施工安全标准化的重点建设内容，为推行施工安全标准化管理提供了技术支撑和制度保障，对提高施工作业“本质安全”要求，推进“平安工地”建设具有重要指导作用。

《指南》共20章，立足项目管理，着眼施工现场，突出难点问题，涵盖了安全生产责任体系、安全生产专项费用管理、安全生产风险评估、安全生产检查与评价、安全生产应急管理、安全技术管理与培训、场站建设、标志标牌、临时用电、个体安全防护、特种设备及专用设备防护、常用设备及机具防护、施工船舶、临边防护、支撑体系防护、脚手架防护、跨线施工安全防护、沉箱出运安全防护、隧道施工作业防护等内容，力求实现相关安全法律法规在交通建设工程领域的具体化，安全生产管理制度建设的系统化，以及监管工作的标准化，是交通建设安全生产管理向规范化、标准化迈进的一次有益的尝试和探索。

《指南》编制工作历时近三年，编审委员会以实地调研、组织座谈、专家审查等形式，广泛吸取交通运输主管部门监督机构、建设、施工、监理等单位相关专家的意见与建议，数易其稿。在编制过程中，福建省交通建设质量安全监督局、湖南省交通建设质量安全监督管理局、中国交通建设集团有限公司作为主编单位付出了极大的心血，安徽省交通建设工程质量监督局、河北省水运工程质量安全监督局、上海市建设工程安全质量监督总站、江苏省交通运输厅工程质量监督局、贵州省交通建设工程质量监督局等单位全程参与了编制工作，同时，还得到了中交一航局、中交三航局厦门分公司、中铁十七局集团第六工程有限公司 、中铁隧道集团一处有限公司、中铁隧道集团三处有限公司、中国建筑第五工程局有限公司等单位的大力支持和帮助，在此一并表示感谢。

本《指南》因初次编制，难免存在不足之处，欢迎广大读者提出宝贵意见和建议，请反馈至交通运输部工程质量监督局（北京市建国门内大街11号，邮编100736），以供本书修改和完善。

编者

2013年5月21日

目　录

1 总则

（1）为加强公路水运工程施工安全标准化建设，规范施工安全管理，防范生产安全事故，编制本指南。

（2）本指南依据国务院《建设工程安全生产管理条例》、交通运输部《公路水运工程安全生产监督管理办法》，国家及交通运输部发布的施工安全相关文件和标准规范，及相应的施工工艺、工法等编制。

（3）本指南适用于新建、改（扩）建高速公路工程项目和大、中型水运工程项目，以及独立特大桥梁、特长隧道工程项目，其他工程项目可参照执行。

2 安全生产责任体系

2.1 一般规定

（1）责任制是安全生产的核心，是改进安全状况的根本途径、基本方法和工作平台。工程参建单位应按照“安全第一，预防为主，综合治理”的方针和“建设单位主导、监理单位督促、施工单位负责”的原则，构建工程项目安全生产责任体系。责任体系主要包括但不局限于：项目安全生产目标、组织管理机构、安全生产条件、安全生产责任及安全生产管理制度等重点内容。

（2）安全生产管理必须坚持“管生产必须管安全”、“谁主管谁负责”的原则，坚持全员参与、全面覆盖和全过程管理的原则。

（3）工程项目应成立由项目建设单位牵头，勘察设计、施工、监理等单位项目负责人共同参与的项目安全生产领导小组（或项目安全生产委员会），负责规范、指导、协调工程参建单位的安全生产行为。

（4）工程参建单位应建立内部安全生产责任体系，依法设立安全生产组织管理机构，完善安全生产管理制度，明确安全生产条件，确定安全考核指标，开展安全检查和隐患排查工作，落实安全生产责任。工程参建单位安全生产管理资料见附录A。

（5）安全生产责任制是安全生产责任体系的重要载体。建设单位应与勘察设计、施工、监理等单位每年签订一次安全生产责任书。

（6）工程参建单位应落实“一岗双责”要求，细化各岗位职责，按年度层层签订安全生产责任书，并定期组织考核。

（7）在施工过程中，当责任人发生变更时，应重新签订安全生产责任书。

2.2 安全生产目标

安全生产目标应以“减少危害，预防事故，尽量避免生产过程中的人身伤害、财产损失、环境污染等”为准则设定。

安全生产目标应通过设立相应的考核指标，强化落实。

2.2.1 安全生产考核指标

（1）项目安全生产领导小组应确定安全生产总目标。工程参建单位应根据安全生产总目标分解为分项目标，制订各自的安全生产考核指标。

（2）安全生产考核指标包括以下几类。

①管理类：安全生产总目标、安全管理人员到位率、培训教育覆盖率、设备完好率等；

②事故类：事故起数、重伤人数、死亡人数、设备事故率等；

③隐患类：重大事故隐患整改率等。

2.2.2 安全生产目标实施

为确保安全生产目标达到预期效果，一般从以下几个方面组织实施。

（1）制订实施计划，分解总目标。依据工程项目安全生产总目标，结合社会形势、施工环境、气候变化和工程进展等情况，提出年度、季度、月度分项目标和考核指标，并分解到各参建单位、各类管理人员和作业队、班组，制订相对应的安全生产管理措施，认真组织实施。

（2）落实主体责任，分级考核控制。安全生产总目标的实现，主要依靠各级目标责任者根据设定的考核指标自我控制来完成。在实施安全生产总目标保证措施计划的过程中，积极发挥参建单位的主体作用，落实自我管理、自我控制的分级考核措施。

（3）组织考评验收，管理缺陷整改。在安全生产总目标管理过程中，应对分项目标的实施情况加强检查、考核与评价，并提出下一阶段的分项目标及措施。结合工程进展情况，对分项目标措施的实施情况，每个月检查验收一次，利用安全工作例会讲评一次；每个季度考评一次，以通报形式排出名次，分出优劣；结合半年和年度工作总结讲评一次。每次检查、考核、验收和讲评，应紧紧围绕有关薄弱环节，利用通报或《隐患整改指令》的方式，按照“三定一落实”（定人、定时、定措施、复查确认落实）的原则组织缺陷整改。做到认真考核，严格验收，整改到位。

（4）兑现目标奖惩，推动循环活动。在实施安全生产总目标管理过程中，将各级领导、各个部门、各类人员的安全生产考核指标成果与经济利益挂钩。按照考评情况兑现奖惩。通过目标分解、检查考评、缺陷整改、兑现奖惩，实现安全生产总目标管理向前滚动发展。

2.3 项目安全生产领导小组

（1）项目安全生产领导小组组长由建设单位项目负责人担任，副组长由建设单位主管安全的项目负责人、监理单位总监理工程师等担任，勘察设计、施工、监理等单位项目负责人为小组成员。领导小组办公室一般设在建设单位安全管理部门，安全管理部门负责人为领导小组办公室主任。

（2）项目安全生产领导小组应贯彻落实国家、行业有关安全生产方针政策、法律法规和技术标准，制订安全生产指标和安全工作计划，落实项目安全生产条件，规范施工安全管理程序，开展安全检查评价，定期组织应急演练，督促落实企业安全生产责任。

2.4 建设单位安全责任体系

2.4.1 组织管理机构

工程项目建设单位内部安全生产领导小组，组长由建设单位项目负责人担任，副组长由建设单位分管安全项目负责人、总工程师担任，成员由各部门负责人组成。安全生产领导小组下设办公室，主任由安全管理部门负责人兼任。建设单位安全生产领导小组机构如图2.4.1所示。

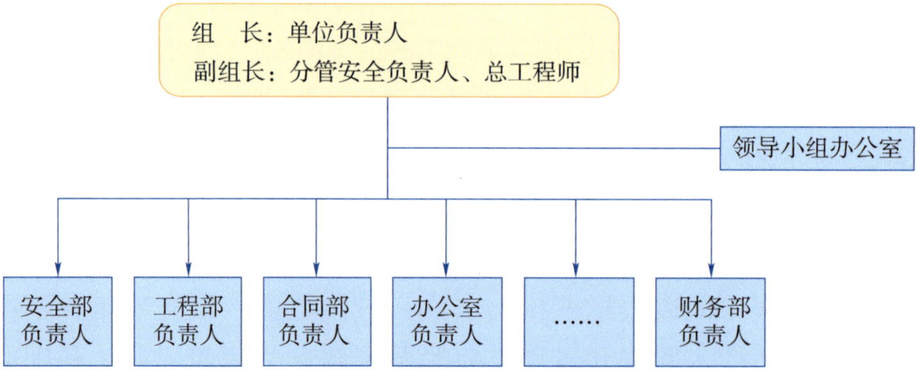

图2.4.1　建设单位安全生产领导小组机构示意图

2.4.2 安全生产条件

（1）建立健全安全生产责任制，制定项目安全生产管理制度。

（2）设置专职安全生产管理机构，机构负责人应熟悉、掌握施工安全生产法律法规、标准规范，具有中级及以上技术职称，具备1个及以上工程项目的管理经历；安全生产管理机构按照工程需要配备专职安全管理人员。

（3）保证安全生产条件所需资金的投入。

（4）办公、生活区及相关设备和配件符合有关安全生产法律法规、标准规范的要求。

（5）制订生产安全事故应急救援预案并组织开展应急演练。

（6）法律、法规规定的其他条件。

2.4.3 安全生产责任

1）安全生产责任

（1）建设单位对工程项目安全生产负有主导责任，应加强工程项目各阶段安全工作的综合协调管理，按照合同约定督促工程参建单位落实安全生产责任，按照每半年一次做好“平安工地”考核评价工作。

（2）应向施工单位提供施工现场及毗邻区域内供水、排水、供电、供气、供热、通信、广播电视等地下管线资料，气象和水文观测资料，相邻建筑物和构筑物、地下工程的有关资料，并保证资料的真实、准确、完整。

（3）不得对勘察设计、施工、监理等单位提出不符合建设工程安全生产法律、法规和强制性标准规定的要求，不得压缩合同约定的工期。

（4）在编制工程概算时，应确定建设工程安全作业环境及安全施工措施所需费用。

（5）不得明示或者暗示施工单位购买、租赁、使用不符合安全施工要求的安全防护用具、机械设备、施工机具及配件、消防设施和器材。

（6）在办理施工许可或申领施工许可证时，应提供工程项目有关安全施工措施的资料。

（7）应依法将工程项目发包给具有相应资质等级的单位。建设单位与勘察设计、施工、监理、检测、监测等单位签订的合同中，应明确双方安全生产责任。

2）建设单位与工程参建单位签订安全生产责任书

建设单位应与下列工程参建单位签订安全生产责任书：

（1）与勘察单位签订安全生产责任书；

（2）与设计单位签订安全生产责任书；

（3）与施工单位签订安全生产责任书；

（4）与监理单位签订安全生产责任书；

（5）与检测单位签订安全生产责任书；

（6）与监测单位签订安全生产责任书。

3）建设单位内部各岗位安全生产责任书

建设单位应根据内部各岗位职责签订如下安全生产责任书：

（1）项目经理（指挥长）安全生产责任书；

（2）项目副经理（副指挥长）安全生产责任书；

（3）项目总工程师安全生产责任书；

（4）项目各部门部长（处长）安全生产责任书；

（5）项目各部门工作人员安全生产责任书。

2.4.4 安全生产管理制度

建设单位安全生产管理制度是安全生产工作的行为准则，制度应明确项目安全生产各阶段管理的内容、程序与职责分工等，包括但不局限于表2.4.4所列出的各项制度，一般以汇编形式印发。建设单位主要安全生产管理制度如表2.4.4所示。

表2.4.4 建设单位主要安全生产管理制度一览表

类别	制度名称	主要内容
项目管理	安全生产会议制度	会议分领导小组会议、安全例会和安全生产专题会等形式，会议制度应包括制度适用范围、职责和工作程序，重点明确会议频次、参会人员、讨论议题、会议签到、会议记录和纪要等
	安全生产责任考核制度	制度应明确建设单位与施工、监理等单位签订的安全生产责任书内容、签订频次、履行情况的考核、奖惩等内容，是安全生产责任体系的重要载体
	安全生产专项费用管理制度	制度应明确项目安全生产专项费用的使用范围、支付方式、审批流程和监督管理等内容
	安全生产检查评价制度	制度应明确检查的目的、要求、依据、标准、形式、内容、分工职责、频次、整改以及对检查效果的评价、奖惩等内容
	安全事故隐患排查治理制度	制度应明确工程项目安全事故隐患分级管理、一般事故隐患排查方式、治理措施和责任分工，重大事故隐患治理方案、挂牌督办等内容
	施工安全风险评估管理制度	制度应明确风险评估的范围、方法、程序、组织、报告格式、结果运用等内容
	生产安全事故报告制度	制度应明确事故报告的职责、内容、报送流程、时限等
	危险性较大分部分项工程安全管理制度	制度应明确危险性较大分部分项工程的划分，施工、监理单位的管理职责，专项施工方案的审批及实施等内容
	“平安工地”考核评价制度	制度应明确项目安全生产条件审查、施工过程“平安工地”创建内容、实施步骤、职责分工和考核评价标准、评价周期、考核结果运用等内容
	安全生产奖惩制度	制度应明确安全生产激励、处罚的标准条件及具体方式等内容
	安全生产应急管理制度	制度应明确预案编制、审核的程序要求，预案构成的主要要素、应急处置组织、应急演练培训、方案评审改进等内容
内部	安全生产责任制及考核制度	制度应明确各层级之间安全生产责任书内容、签订频次、履行情况的考核、奖惩等内容
	安全生产教育培训制度	制度应明确建设单位内设机构的培训对象、内容、学时、频次和考核等内容

2.5 监理单位安全生产责任体系

2.5.1 组织管理机构

（1）工程项目监理单位设置为两级监理机构的，监理单位内部的安全生产领导小组组长由总监理工程师担任，副组长由副总监理工程师（总监代表）、安全监理工程师担任，成员由总监设立部门的负责人、各驻地监理工程师、总监办各专业监理工程师组成。监理单位安全生产领导小组机构如图2.5.1-1所示。

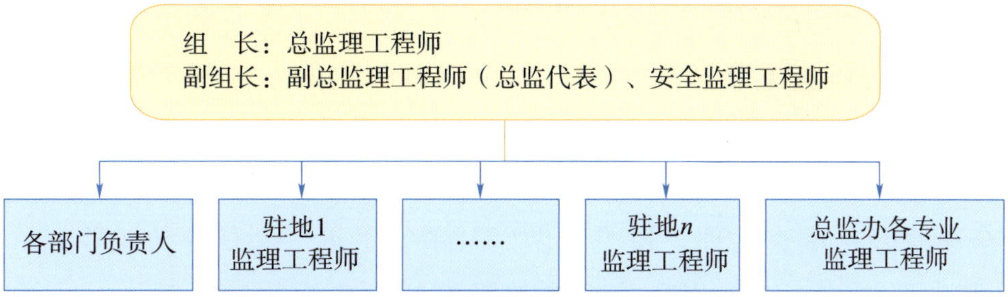

图2.5.1-1　二级监理机构安全生产领导小组示意框图

（2）工程项目监理单位设置为一级监理机构的，监理单位内部的安全生产领导小组组长由总监理工程师担任，副组长由副总监理工程师（总监代表）、安全监理工程师担任，成员由设立部门的负责人、各专业监理工程师组成。监理单位安全生产领导小组机构如图2.5.1-2所示。

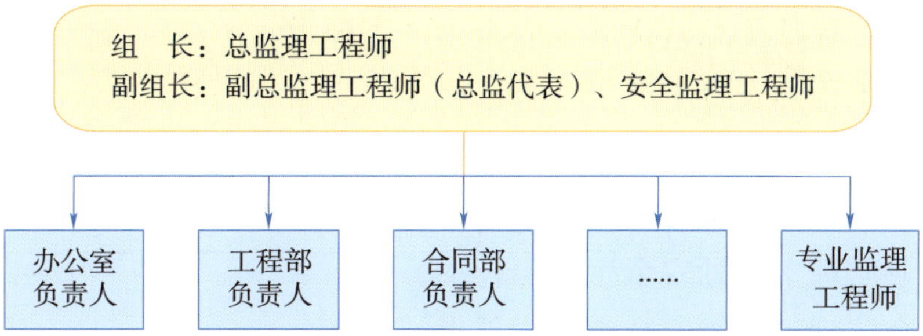

图2.5.1-2　一级监理机构安全生产领导小组示意框图

2.5.2　安全生产条件

（1）具备有关法律法规等规定的相关资质、资格。

（2）建立健全安全生产管理制度，制订安全生产监理计（规）划和监理细则，明确安全监理工作程序，落实安全生产责任制。

（3）总监理工程师应通过交通运输部安全监理和环保监理培训考试。

（4）总监办至少配备1名通过交通运输部安全监理和环保监理培训考试的专职安全监理工程师。各驻地办至少配备1名通过交通运输部安全监理和环保监理培训考试的专职安全监理工程师。人员配备应满足项目重大风险源预控管理的跟踪巡视等工作。

（5）法律、法规规定的其他条件。

2.5.3　安全生产责任

1）安全生产责任

（1）监理单位和监理人员应按照法律法规、规章和标准规范实施监理，并对工程项目安全生产承担监理责任。

（2）监理单位应审查施工合同约定的项目安全生产条件、施工组织设计中的安全技术措施、危险性较大的分部分项工程的专项施工方案，以及安全生产专项费用计提使用情况。未经监理单位审查签字认可，施工单位擅自施工的，监理单位应及时下达工程暂停令，施工单位拒不执行时，应及时将情况书面报告建设单位。

（3）监理单位应按规定核查施工单位特种设备进场检验验收情况，组织施工安全检查，督促安全事故隐患排查治理，按季度做好“平安工地”考核评价工作。

（4）在监理巡视检查时，发现安全事故隐患的，应按规定及时下达书面指令要求施工单位进行整改或停止施工。施工单位拒绝整改或者整改不到位时，监理单位应及时将情况书面报告建设单位。

2）监理单位内部各岗位安全生产责任书

监理单位应根据岗位职责签订如下安全生产责任书：

（1）总监理工程师安全生产责任书；

（2）副总监理工程师（总监代表）安全生产责任书；

（3）专业监理工程师安全生产责任书；

（4）安全监理工程师安全生产责任书；

（5）驻地监理工程师安全生产责任书；

（6）驻地专业监理工程师安全生产责任书；

（7）驻地安全监理工程师安全生产责任书；

（8）监理员安全生产责任书。

2.5.4 安全生产管理制度

监理单位安全生产管理制度是安全生产工作的行为准则，制度应明确监理单位安全生产各阶段管理的内容、程序与职责分工等，包括但不局限于表2.5.4所列出的各项制度，一般以汇编形式印发。监理单位主要安全生产管理制度如表2.5.4所示。

表2.5.4 监理单位主要安全生产管理制度一览表

类别	制度名称	主要内容
项目管理	安全生产会议制度	会议分领导小组会议、安全例会和安全生产专题会等形式，会议制度应包括制度适用范围、职责和工作程序，重点明确会议频次、参会人员、讨论议题、会议签到、会议记录和纪要等
	专项施工方案审查制度	制度应明确制度的适用范围、审查程序、内容、职责分工，督促落实等内容
	安全生产检查评价制度	制度应明确检查的目的、要求、依据、标准、形式、内容、分工职责、频次、整改以及对检查效果的评价等内容

续上表

类别	制度名称	主要内容
项目管理	安全事故隐患督促整改制度	制度应明确安全事故隐患分级管理，督促整改的职责分工与管理流程、指令格式，整改验收方式等内容
	特种设备复核制度	制度应明确施工单位特种设备进场报验流程和资料清单，复核的内容、程序和工作职责等内容
	安全生产专项费用审查制度	制度应明确项目安全生产专项费用使用范围，报验的时间节点、费用的审批流程、方式、会计科目及票据等内容
	“平安工地”考核评价制度	制度应明确项目安全生产条件审查、施工过程“平安工地”创建内容、实施步骤、职责分工和考核评价标准、评价周期、考核结果运用等内容
	安全生产应急管理制度	制度应明确预案编制、审核的程序要求，预案构成的主要要素、应急处置组织、应急演练培训、方案评审改进等内容
	生产安全事故报告制度	制度应明确事故报告的职责、内容、报送流程、时限等
内　部	安全生产责任制及考核制度	制度应明确各层级之间安全生产责任书内容、签订频次、履行情况的考核、奖惩等内容
	安全生产教育培训制度	制度应明确监理单位内部的培训对象、内容、学时、频次和考核等内容

2.6 施工单位安全生产责任体系

2.6.1 组织管理机构

工程项目施工单位安全生产领导小组，组长由项目经理担任，副组长由安全总监、副经理、总工程师担任，成员由各部门负责人，以及分包单位负责人组成。安全生产领导小组下设办公室，主任由安全管理部门负责人兼任。施工单位安全生产领导小组机构如图2.6.1所示。

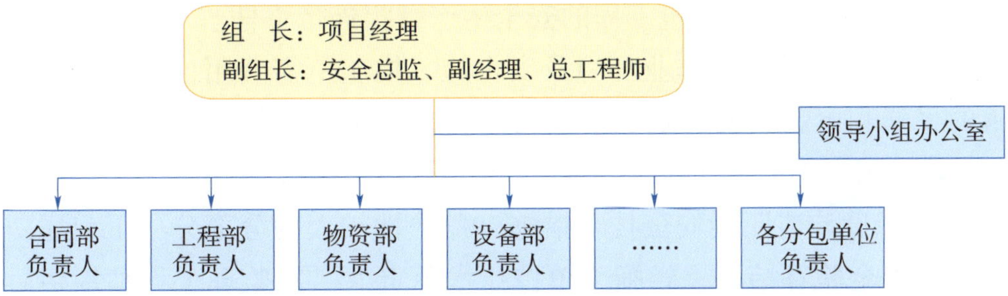

图2.6.1　施工单位安全生产领导小组机构示意图

2.6.2 安全生产条件

（1）取得有效的施工企业安全生产许可证，具备法律法规等规定的相关资质和资格。

（2）建立健全安全生产责任制，制定相应的安全生产管理制度和操作规程。

（3）保证安全投入并规范使用。

（4）设置专职安全生产管理机构，施工现场应按照每5 000万元施工合同额配备一人的比例配备专职安全生产管理人员，不足5 000万元的至少配备一人。

（5）企业主要负责人、项目负责人和专职安全生产管理人员（简称“三类人员”）必须取得交通运输主管部门颁发的“安全生产考核合格证书”；特种作业人员应经有关业务主管部门考核合格，取得特种作业操作资格证书，所有从业人员应按规定参加安全生产教育培训。

（6）应依法参加工伤保险，为从事危险作业的人员办理意外伤害险。

（7）按照“平安工地”考核标准，每月组织自查，作业场所和安全设施、设备、工艺等符合有关安全生产法律法规和标准规范的要求，为从业人员配备符合国家、行业标准的劳动防护用品。

（8）按规定开展施工安全风险评估工作，实施重大风险源监控管理。

（9）制订生产安全事故应急救援预案，为应急救援组织或应急救援人员配备必要的应急救援器材、设备。

（10）法律、法规规定的其他条件。

2.6.3 安全生产责任

1）施工单位安全生产责任

（1）施工单位是安全生产责任主体，主要负责人依法对本单位安全生产工作全面负责。项目负责人应由取得相应执业资格证书的人员担任，经授权对相应的工程项目施工安全生产负责。

（2）工程项目实行施工总承包的，总承包单位对施工现场安全生产负总责。总承包单位依法将建设工程分包给其他单位的，应在分包合同中明确各自的安全生产的权利义务，总承包单位和分包单位对分包工程的安全生产承担连带责任。

（3）列入工程概算的安全作业环境及安全施工措施所需费用，应用于施工安全防护用具及设施的采购和更新、安全施工措施的落实、安全生产条件的改善。安全施工措施费应单列，专款专用，不得挪作他用。

（4）施工组织设计应明确安全技术措施，危险性较大的分部分项工程还应编制专项施工方案，并附安全验算结果，经施工单位技术负责人、总监理工程师签字后实施，超过一定规模的危险性较大的分部分项工程，施工单位应组织专家对专项施工方案进行论证、评审。施工单位应按规定制订临时用电组织设计方案。

（5）施工单位应将施工现场的办公、生活区与作业区分开设置，并保持安全距离；现场临时搭建的建筑物应符合安全使用要求，使用装配式活动房屋应具有产品合格证；施工单位不得在尚未竣工的建筑物内设置员工集体宿舍。职工的膳食、饮水、休息场所等应符合卫生标准。

（6）施工单位应在施工现场出入口、沿线各交叉口、施工起重机械所在处、拌和场、临时用电设施所在处、爆破物及有害危险气体和液体存放处，以及孔洞口、隧道口、基坑边沿、脚手架边沿、码头边沿、桥梁边沿等危险部位，设置明显的符合国家标准的安全警示标志或者必要的安全防护设施。

（7）施工单位应建立健全消防安全责任制度，确定消防安全责任人，制定用火、用电、使用易燃易爆材料等各项消防管理制度和操作规程，设置消防通道，配备相应的消防设施和灭火器材，并在施工现场入口处设置明显标志。

（8）工程施工前，施工单位应将有关施工安全技术要求分三级向施工项目部各职能部门、施工作业班组、一线作业人员进行安全技术交底，向作业人员书面告知危险岗位的操作规程和应急措施，并由双方签字确认。

（9）施工单位应定期开展安全检查评价和隐患治理工作，消除安全事故隐患。专职安全员应按规定每日巡查施工现场安全生产，并做好检查记录，发现安全事故隐患时，应及时向项目安全管理机构负责人报告；对违章指挥、违章操作的，应立即制止；一时难以消除的事故隐患，施工单位应制订治理方案，明确治理的措施、时限、资金、验收和责任人等安全内容。

（10）施工单位应根据不同施工阶段、周围环境及季节、气候的变化，在施工现场采取相应的安全施工措施。施工现场暂时停止施工的，应做好现场防护，所需费用由责任方承担，或按合同约定执行。

（11）施工单位对因工程施工可能造成损害的毗邻建筑物、构筑物和地下管线等，应进行安全风险论证并采取专项防护措施。

（12）施工单位应遵守环境保护的法律法规，在施工现场采取措施，防止或减少粉尘、废气、废水、固体废物、噪声、振动和施工照明对人和环境的危害和污染。

（13）施工现场的安全防护用具、机械设备、施工机具及配件必须由专人管理，定期进行检查、维修和保养，建立相应的资料档案。采购、租赁的安全防护用具、机械设备、施工机具及配件，应具有生产（制造）许可证、产品合格证，在进入施工现场前进行查验。

（14）安装、拆卸施工起重机械，整体提升脚手架、模板等自升式架设设施，必须由具有相应资质的单位承担。使用前，应组织有关单位进行验收，也可以委托具有相应资质的检验检测机构进行验收（并出具相关验收合格证明文件）；使用承租的机械设备、施工机具及配件的，应由施工总承包单位、分包单位、出租单位和安装单位共同进行验收，验收合格的方可使用；使用起重机械等特种设备，在验收前应经有相应资质的检验检测机构监督检验合格。

（15）施工单位在签订的起重机械租赁合同中，明确租赁双方的安全责任，要求租赁单位提供起重机械等特种设备制造许可证、产品合格证、制造监督检验证明、备案证明和自检合格证明，提供安装使用说明书。

（16）施工单位不得租用有下列情形之一的起重机械：

①属国家明令淘汰或者禁止使用的；

②超过安全技术标准或者制造厂家规定的使用年限的；

③经检验达不到安全技术标准规定的；

④没有完整安全技术档案的；

⑤没有齐全有效的安全保护装置的。

（17）作业人员应遵守安全施工的规章制度、强制性标准和操作规程，正确使用安全防护用具、机械设备。有权对施工现场的作业条件、作业程序和作业方式中存在的安全问题提出批评、检举和控告，有权拒绝违章指挥和强令冒险作业。发生危及人身安全的紧急情况时，有权立即停止作业或者在采取必要的应急措施后撤离危险区域。

（18）施工单位应建立安全培训教育制度，对管理人员和作业人员每年至少进行一次安全生产教育培训，作业人员进入新的岗位、新的施工现场前或在采用新技术、新工艺、新设备、新材料时应接受安全生产教育培训。未经教育培训或者教育培训考核不合格的人员，不得上岗作业。

（19）施工单位应针对本工程项目特点制订生产安全事故应急预案，定期组织演练。发生事故时，施工单位应立即采取措施减少人员伤亡和事故损失，启动应急预案，并按有关规定及时、如实地向建设单位、监理单位和事故发生地的公路水运工程安全生产监督管理部门以及地方安全监督部门报告。

2）分包单位安全生产责任

（1）分包单位必须具有相应的资质，并在其资质等级许可的范围内承揽施工业务。严禁个人承揽分包工程业务。

（2）分包单位应与总承包单位就所承建的工程签订安全分包合同，约定双方权利义务。

（3）分包单位应服从总承包单位的安全生产管理，遵守总承包单位的安全生产管理制度，分包单位不服从管理导致生产安全事故的，由分包单位承担主要责任。

（4）禁止分包单位将其承包的工程再分包。

3）施工单位内部各岗位安全生产责任书

施工单位应根据岗位职责签订如下安全生产责任书：

（1）项目经理安全生产责任书；

（2）项目副经理安全生产责任书；
（3）项目总工程师安全生产责任书；
（4）项目安全总监安全生产责任书；
（5）项目各职能部门部长（处长）安全生产责任书；
（6）项目各部门管理人员安全生产责任书；
（7）班组长安全生产责任书；
（8）分包单位安全生产责任书。

2.6.4 安全生产管理制度

施工单位安全生产管理制度是安全生产工作的行为准则，制度应明确施工单位安全生产各阶段管理的内容、程序与职责分工等，包括但不局限于表2.6.4所列出的各项制度，一般以汇编形式印发。施工单位主要安全生产管理制度如表2.6.4所示。

表2.6.4 施工单位主要安全生产管理制度一览表

制度名称	制度内容
安全生产会议制度	会议分领导小组会议、安全例会和安全生产专题会等形式，会议制度应包括制度适用范围、职责和工作程序，重点明确会议频次、参会人员、讨论议题、会议签到、会议记录和纪要等
安全生产责任制及考核制度	制度应明确施工单位项目部各层级之间、与分包单位之间所签订的安全生产责任书（或安全合同）的内容、签订频次、履行情况的考核、奖惩等内容
安全生产专项费用使用制度	制度应明确安全生产专项费用适用范围，费用年度计划、费用支取申报程序与阶段，会计科目及票据，形成的固定资产管理等内容
安全生产检查评价制度	制度应明确检查的目的、要求、依据、标准、形式、内容、分工职责、频次、整改以及对检查效果的评价、奖惩等内容
“平安工地”考核评价制度	制度应明确项目安全生产条件审查、施工过程“平安工地”创建内容、实施步骤、职责分工和考核评价标准、评价周期、考核结果运用等内容
安全事故隐患排查治理制度	制度应明确工程项目安全事故隐患分级管理、一般事故隐患排查方式、治理措施和责任分工，重大事故隐患治理方案、时限、措施、资金和责任人等内容
安全生产教育培训制度	制度应明确施工从业人员岗位培训内容、学时、频次和考核等内容。培训对象应包括施工项目管理、技术、特种作业，一般作业人员和分包单位等，培训内容应包括安全意识、安全知识和安全技能等
施工安全技术交底制度	制度应明确分级、分专业、分岗位交底的程序、内容等
施工安全风险评估制度	制度应明确施工现场危险作业环境和重大风险源辨识、分析、估测和评估结论审核等管理程序、职责分工，重大风险源预警预控和书面告知等内容

续上表

制度名称	制度内容
专项施工方案的编制和审核制度	制度应明确适用范围、编制依据、编制原则、主要内容、安全保障措施、内部审核程序与责任分工、实施管理等内容
安全生产应急管理制度	制度应明确预案编制、审核的程序要求，预案构成的主要要素、应急处置组织、应急演练培训、方案评审改进等内容
生产安全事故报告制度	制度应明确事故报告的职责、内容、报送流程、时限等
施工设备安全管理制度	制度应明确施工设备设施的管理职责、登记要求、保养维修以及使用责任人资格等内容
劳动防护用品配备和管理制度	制度应明确安全防护用品的采购、验收、发放登记、使用等
施工现场消防安全责任制度	制度应明确施工现场消防安全责任分工、责任区域划分、器材配备台账、检查维护记录，消防器材管理等内容
危险品安全管理制度	制度应明确施工现场用火、用电、使用危险品等的消防安全管理程序、要求和责任分工，作业人员资格要求，危险品管理台账记录等内容
分包单位安全管理考评制度	制度应明确施工分包单位的管理职责、考评方式与时间、评价与结果应用等内容
特种作业人员管理制度	制度应明确特种作业人员的进场考核、岗前培训、继续教育、人员登记台账等内容
安全生产奖罚制度	制度应明确安全生产奖励、处罚的条件和方式，以及结果的应用等内容
施工单位项目部主要负责人带班制度	制度应明确项目主要负责人带班生产、检查的工作计划、内容与时间要求、管理程序与内业资料等内容
施工作业操作规程	制度应明确施工各工序、工种的具体操作内容，规程流转管理等内容
其他法律法规和行业内规章制度	

3 安全生产专项费用管理

3.1 一般规定

（1）安全生产专项费用是指企业按照规定标准提取，在成本中列支，专门用于完善和改进企业或者项目安全生产条件的资金。

（2）安全生产专项费用管理应坚持“规范计取，合理计划，计量支付，确保投入”的原则，并按照有关规定、行业标准以及合同约定确定提取标准。

（3）公路水运工程安全生产专项费用根据国家有关规定，应采用不低于建筑安装工程造价1.5%的比例计取，且不作为竞争性报价。建设单位在编制工程招标文件时，应明确安全生产专项费用的总金额或比例、预付金额或比例、计量支付方式与时限、具体使用要求、调整方式等条款。安全生产专项费用不足时，应协商解决。

3.2 安全生产专项费用使用范围

根据《中华人民共和国安全生产法》等有关法律法规和交通运输部《公路水运工程安全生产监督管理办法》，财政部、国家安全生产监督管理总局《企业安全生产费用提取和使用管理办法》的规定，结合公路水运工程特点，安全生产专项费用使用范围如表3.2-1所示，各类安全生产专项费用清单如表3.2-2所示。

表3.2-1　安全生产专项费用使用范围

序　号	类　别	内　容
1	设置、完善、改造和维护安全防护设施设备支出	指为保障工程安全生产而设置的相关安全防护设施、设备，以及对其进行技术、性能、质量等方面的完善、改造和维护等所发生的相关费用。 设置费用主要指直接用于项目安全生产的相关设施设备购置、制作、安装等费用。 完善费用主要指因正常损耗或因工程变更导致的安全防护设施设备的补充购置、制作、安装等费用。 改造费用主要指为增加安全防护设施设备的安全系数，增强施工安全，对现有安全防护设施设备进行的设计、试验与制作加工等费用。 维护费用主要指对现有安全防护设施设备的日常保养费用

续上表

序号	类别	内容
2	配备、维护、保养应急救援器材、设备支出和应急演练支出	指施工单位应急救援器材、设备的购置、使用、维护、更新以及按照合同约定所组织的应急演练等所发生的相关费用。 应急救援指在应急响应过程中，为消除、减少事故危害，防止事故扩大或恶化，最大限度地降低事故造成的损失或危害而采取的救援措施或行动。 应急救援器材、设备指在应急救援过程中需要使用的消防、急救等常用小型器材与设备，不含消防车、救生船等由社会专业救援机构配备的大型救援设备或非常用器材。 应急演练指由建设单位或施工单位依据应急预案，模拟应对突发事件组织的应急救援活动
3	重大风险源和安全事故隐患评估、监控和整改支出	指针对重大风险源和事故隐患进行评估、监控和整改所发生的相关费用。 重大风险源指风险影响因素比较复杂，事故发生可能性较大或事故严重程度较高，必须从结构、环境、施工工艺、安全管理等多个角度进行控制和防范的风险源。对于重大风险源的识别，根据风险源的性质、场所、设备、设施等的不同，结合公路水运工程实际情况，重大风险源应重点关注以下几类：易燃、易爆物质的存储区；具有爆炸危险的生产场所；危险性较大的分部分项工程；重大事故隐患。 安全事故隐患，是指生产经营单位违反安全生产法律、法规、规章、标准、规程和安全生产管理制度的规定，或者因其他因素在生产经营活动中存在可能导致事故发生的物的危险状态、人的不安全行为和管理上的缺陷。安全事故隐患分为一般事故隐患和重大事故隐患
4	安全生产检查、评价、咨询和标准化建设支出	指安全生产检查、评价、咨询和标准化建设过程中所发生的相关费用。 安全生产检查指施工单位日常安全生产工作检查以及聘请专业安全机构或专家对项目安全生产情况进行的检查；安全生产评价指施工单位聘请专业安全机构或专家对项目进行的施工安全风险评估，或对其安全方案、安全工作情况进行评价，并出具相应评价报告；安全生产咨询指就安全生产工作中存在的问题向相关专业安全机构、咨询单位或专家进行咨询，由其给出咨询意见；安全生产标准化建设指施工单位按照有关规定或合同约定进行的安全生产方面的标准化建设
5	配备和更新现场作业人员安全防护用品支出	指为保障现场施工人员人身安全和身体健康而配备的、供现场施工人员使用的防护必需品所发生的相关费用
6	安全生产宣传、教育、培训支出	指施工单位在施工现场对安全生产进行宣传，对施工人员进行安全知识教育、安全技术交底、安全操作规程培训等所发生的相关费用
7	安全生产试用的新技术、新标准、新工艺、新装备的推广应用支出	指施工单位配合相关科研机构，对其安全生产方面的新技术、新标准、新工艺、新装备等研究成果进行试用所发生的相关费用
8	安全设施及特种设备检测检验支出	指施工单位邀请法定检测检验机构对相关安全设施及特种设备进行安全性检测检验所发生的相关费用
9	其他安全生产费用支出	指不在以上范围内，由施工单位根据项目实际情况，在投标书中列支的相关安全生产费用

表3.2-2　各类安全生产专项费用清单

序　号	类　别	清单细目
1	设置、完善、改造和维护安全防护设施设备支出	①施工现场安全防护费。安全防护设施包括：临边、临口、临水等危险部位防坠、防滑、防溺水等设施；防止物体、人员坠落而设的安全网、棚；其他与工程有关的交叉作业防护、防火、防爆、防尘、防毒、防雷、防风、防汛、防台、防地质灾害、有害气体监测、通风、临时安全防护等。 ②警示、照明等灯具费。警示、照明等灯具包括：施工车辆、船舶、机械、构造物的警示灯、危险报警闪光灯、施工区域内夜间警示灯、照明灯等灯具。 ③警示标志、标牌费。警示标志、标牌包括：各类警告、提醒、指示等。 ④安全用电防护费。安全用电防护设施包括：各种用电专用开关、室外使用的开关、防水电箱、高压安全用具、漏电保护等设施。 ⑤施工现场围护费。施工现场围护设施包括：改扩建工程施工围挡；施工现场高压电塔、杆围护；施工现场光缆围护等。对施工围挡有特殊要求路段的围挡费用不在此列。 ⑥其他安全防护设备与设施费。应计入安全生产费用的其他安全防护设备与设施的完善、改造和维护等费用
2	配备、维护、保养应急救援器材、设备支出和应急演练支出	①应急救援器材与设备的配备（或租赁）、维护、保养费，这些器材及设备包括：灭火器、消防斧等小型消防器材；急救箱、急救药品、救生衣、救生圈、应急灯具、救援梯、救援绳等小型救生器材与设备。特殊季节或特殊环境下拖轮调遣拖运、警戒船只的租赁费用。救生船、消防车、救护车等大型专业救援设备所发生的相关费用不在此列。 ②应急演练费。由建设单位或施工单位依据应急预案，模拟应对突发事件组织的应急救援活动中，应由施工单位分担或由施工单位自行负责的部分或全部费用
3	重大风险源和安全事故隐患评估、监控和整改支出	①重大风险源和事故隐患评估费。由建设单位、相关行政主管部门组织的，或者施工单位委托专业安全评估单位对项目重大风险源、重大事故隐患进行评估所发生的相关费用。 ②重大风险源监控费。对项目重大风险源进行日常监控所发生的相关费用。施工监控不在此列。 ③重大事故隐患整改费。根据建设单位、相关行政主管部门或者专业安全评估单位出具的评估报告，对重大事故隐患进行整改所发生的相关费用
4	安全生产检查、评价、咨询和标准化建设支出	①日常安全检查费。施工单位专职安全员日常安全巡视所发生的车辆与相关器材使用费，车辆与器材的购置费用不在此列。 ②专项安全检查费。施工单位聘请专业安全机构或专家对项目安全生产过程中的特殊部位、特殊工艺、特别设备的施工安全检查所支付的相关费用。 ③安全生产评价费。施工单位聘请专业安全机构或专家对项目专项施工方案、风险评估进行讨论、论证、评估、评价所支付的相关费用，不包括新建、改建、扩建项目安全评价。 ④安全生产咨询、风险评估费。施工单位就安全生产工作中存在的问题向相关专业安全机构、咨询单位或专家进行咨询所支付的相关费用。按规定开展施工安全风险评估管理费用。 ⑤安全生产标准化建设费。施工单位按照有关规定或者合同约定开展安全生产方面的标准化建设费用
5	配备和更新现场作业人员安全防护用品支出	①安全防护物品配备费。施工单位根据有关规定在日常施工中必须配备的安全帽、安全绳（带）、手套、雨鞋、工作服、口罩、防毒面具、防护药膏等安全防护物品的购置费用。 ②安全防护物品更新费。施工单位对安全防护物品的正常损耗进行必要补充所产生的费用

续上表

序　号	类　别	清单细目
6	安全生产宣传、教育、培训支出	①安全生产宣传费。包括制作安全宣传标语、条幅、图片、视频等宣传资料所发生的费用。 ②安全生产教育培训费。包括施工单位对施工人员进行安全技术交底、安全操作规程培训、安全知识教育等支出的课时费；安全报纸、杂志订阅或购置费；安全知识竞赛、技能竞赛、安全专题会议等活动费用；安全经验交流、现场观摩等费用
7	安全生产适用的新技术、新标准、新工艺、新装备的推广应用支出	增设隧道门禁系统，隧道内风险控制监控系统，桥梁作业面远程监控系统等所发生的相关费用
8	安全设施及特种设备检测检验支出	①安全设施检测检验费。施工单位对拟投入本项目的安全设施送交或邀请具有相关资质的检测检验机构进行检测检验，并出具相关报告所发生的费用。 ②特种设备检测检验。施工单位根据有关规定对拟投入本项目的特种设备邀请具有相关资质的检测检验机构进行检测检验，并出具相关报告所发生的费用
9	其他安全生产费用支出	①办公用品费。专职安全员办公用计算机、照相器材等办公必须的设施配备费用。 ②雇工费。保障施工安全，对施工现场进出口部位进行交通管制而雇用交通协管人员进行看护所支出的人工费用。 ③其他费用。招投标时不可预见的，在施工过程中经建设单位与监理单位认可，可在安全生产费中列支的其他与安全生产直接相关的费用

3.3　安全生产专项费用计量支付

（1）安全生产专项费用的计量与支付应按照施工单位申报、监理单位审查核实、建设单位审批支付的程序实施。

（2）安全生产专项费用的计量与支付应以现场计量为主，现场计量与总额包干相结合的方式进行，原则上以当月计价施工产值为计提依据。

（3）安全生产专项费用计量应由施工单位制定计量报表、计价清单，并附有安全生产专项费用投入使用的相关证实性书面材料。监理单位应及时审查相关资料，必要时应予以追溯。

（4）施工总承包单位依法将部分工程进行专业分包时，分包合同中应明确专业分包工程安全生产专项费用及支付条款，根据分包单位的投入使用情况专款专用，及时支付。

（5）工程发生重大设计变更，合同总金额发生较大变化的，应按合同中安全生产专项费用变更的相关约定处理。若合同无相关约定的，应由施工单位与建设单位协商解决。

（6）安全生产专项费用应做到专款专用，按照“投入多少支付多少”的原则实施，当施工单位实际投入少于投标时安全生产专项费用报价时，经监理单位核实，余额部分应不予支付。

4 安全生产风险评估

4.1 一般规定

（1）施工安全风险评估，主要是指针对工程施工过程中各项作业活动、作业环境、施工设备（机具）、危险物品、施工方案中的潜在风险而开展的风险源辨识、分析、估测、预控等系列工作。

（2）施工单位应根据风险评估结论，完善施工组织设计和危险性较大分部分项工程专项施工方案，制订相应的专项应急预案，对项目施工过程实施预警预控。

（3）施工安全风险评估应遵循动态管理的原则，当工程设计方案、施工方案、工程地质、水文地质、施工队伍等发生重大变化时，应重新进行风险评估。

（4）风险评估报告经监理单位审核后应向建设单位报备。对于极高风险（Ⅳ级）施工作业，建设单位须组织专家或安全评价机构进行论证或复评估，提出降低风险的措施建议；当风险等级无法降低时，应及时调整设计、施工方案，并向公路水运工程安全生产监督管理部门备案。

（5）工程开工后，监理单位应督查施工单位安全风险控制措施的落实情况，并予以记录。对施工中存在的重大事故隐患应及时指出并督促整改，对施工单位拒不整改的，应及时向建设单位报告。

（6）施工安全风险评估工作费用应在项目安全生产费用中列支。

4.2 评估程序

（1）施工安全风险评估应按照成立评估小组、制订评估计划、选择评估方法、开展风险分析、进行风险估测、确定风险等级、提出措施建议、编制评估报告的程序进行，见图4.2。

（2）监理单位在审查工程施工组织设计、危险性较大分部分项工程专项施工方案、应急预案时，应同时审查施工安全风险评估报告；无风险评估报告的，不得签发开工令。

4.3 评估阶段

（1）施工安全风险评估分为总体风险评估和专项风险评估两个阶段。

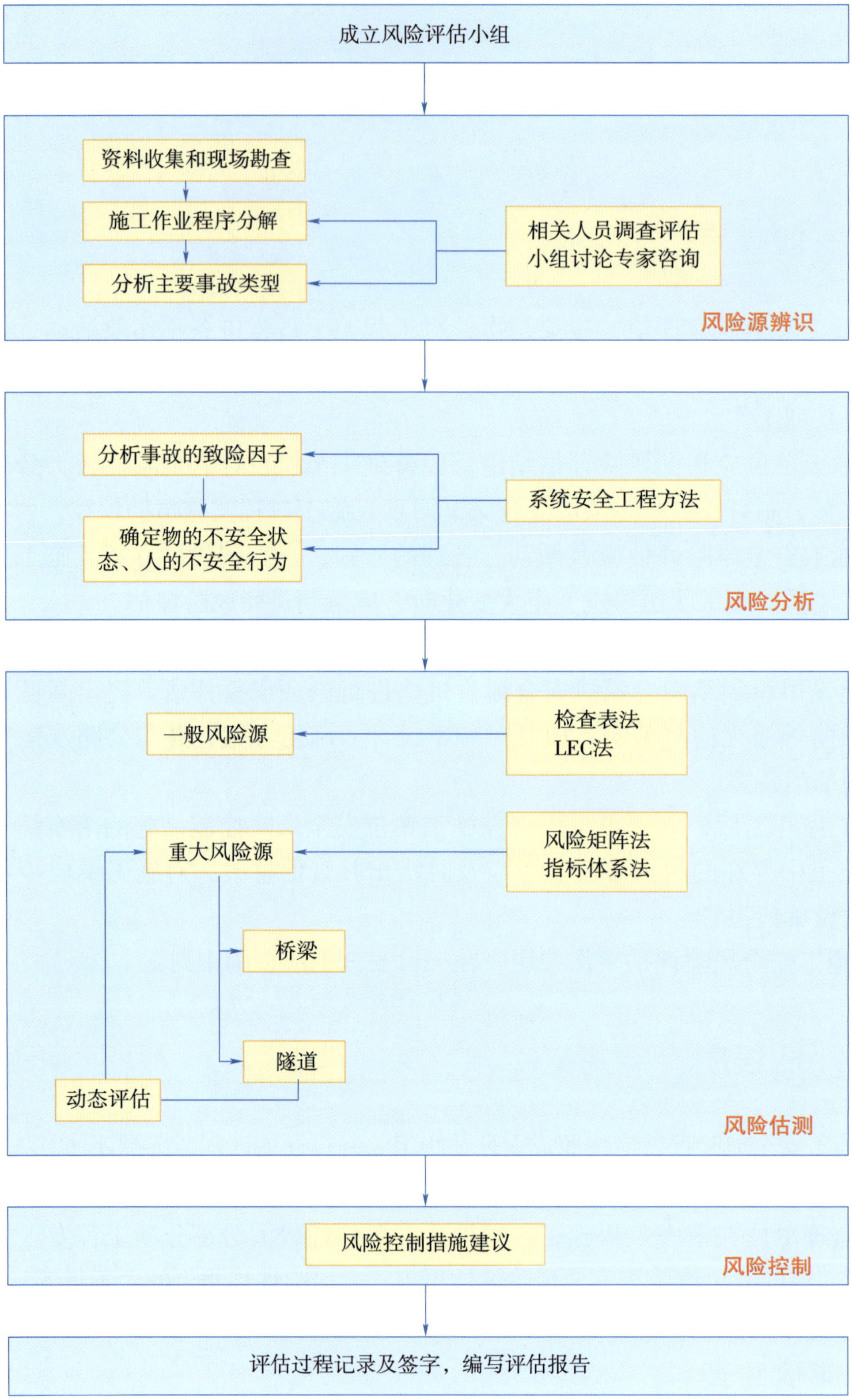
成立风险评估小组
资料收集和现场勘查
施工作业程序分解
分析主要事故类型
相关人员调查评估小组讨论专家咨询
风险源辨识
分析事故的致险因子
确定物的不安全状态、人的不安全行为
系统安全工程方法
风险分析
一般风险源
检查表法
LEC法
重大风险源
风险矩阵法
指标体系法
桥梁
隧道
动态评估
风险估测
风险控制措施建议
风险控制
评估过程记录及签字，编写评估报告

图4.2　评估程序

（2）总体风险评估是指在编制施工组织设计的同时，根据工程地质环境条件、建设规模、结构特点等孕险环境与致险因子，评估工程整体风险，估测其安全风险等级。总体风险评估属于静态评估。

（3）专项风险评估是指在编制专项施工方案的同时，将施工作业活动（或施工区段）作为评估对象，根据其作业风险特点以及类似工程事故情况，进行风险源普查，并针对其中的重大风险源进行量化估测，提出相应的风险控制措施。专项风险评估属于动态评估。

4.4 评估方法

评估方法应根据被评估项目的工程特点，选择相应的定性或定量的风险评估方法（常用风险评估方法特点见附录B）。

4.5 风险辨识

（1）风险源辨识是风险评估的基础，包括3个步骤：工程资料的收集整理、施工作业程序分解、施工作业可能发生的安全事故辨识。

（2）施工作业程序分解，应按照施工组织设计所确定的施工工艺，划分分部分项工程及工序（单位）作业层次，明确单位作业主要工序、施工方法、作业程序、机械设备和材料等特点，如图4.5所示。

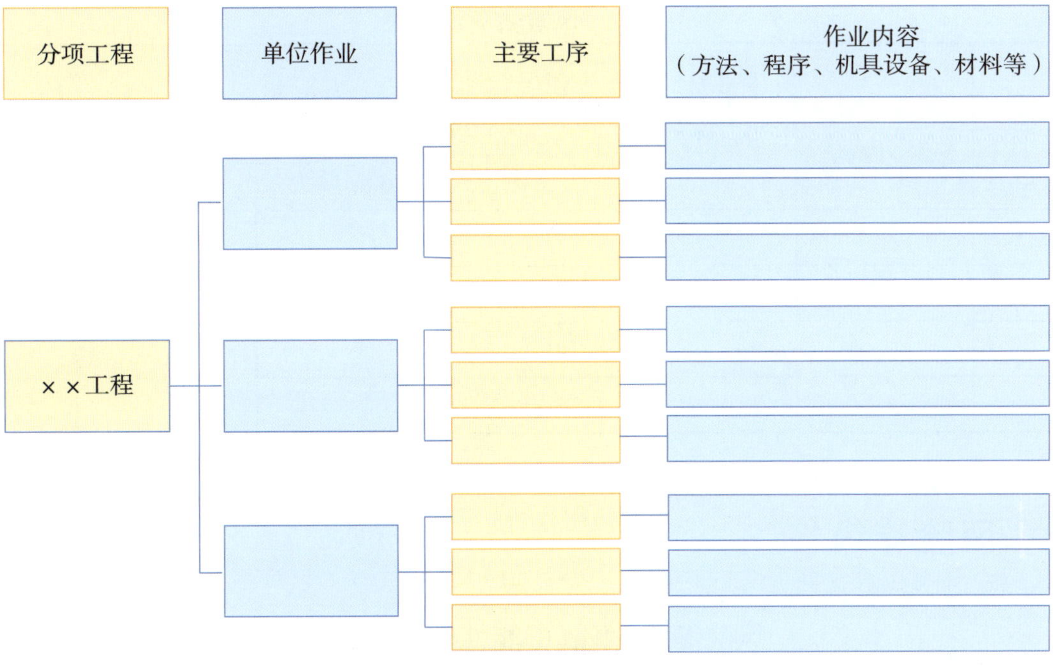

图4.5　施工作业程序分解示意图

（3）施工作业程序分解后，应通过相关人员调查、评估小组讨论、专家咨询等方式，分析评估单元中可能发生的典型事故类型，并形成风险源普查清单。

4.6 风险分析

风险分析是指采用系统安全工程的方法，结合工序（单位）作业特点、环境条件、施工组织等致险因子，从人、机、料、法、环等方面辨识施工作业活动中典型事故类型，找出可能受伤害人员、致害物、事故原因等，确定主要的物的不安全状态和人的不安全行为，从而建立风险源普查清单，并通过风险分析和估测，确定重大风险源。

4.7 风险估测

风险估测是指采用定性或定量的方法，对风险事故发生的可能性及严重程度进行数量估算，并根据制定的风险分级标准和接受准则，对工程风险进行等级分析、危害性评定和风险排序的过程。

风险估测方法应结合工程施工内容、专项施工方案、可能发生的事故特点等因素确定。事故可能性评估可选用专家调查法、故障树分析法、事件树分析法等；事故严重程度评估可选用专家调查法等。

一般风险源的风险估测，不宜过分强调精确量化；重大风险源的风险估测，应进行定量风险估测，确定风险等级，如表4.7所示。

表4.7　风险估测汇总表

编　号	风　险　源		风险估测			
	作业内容	潜在的事故类型	严重程度		可能性	风险大小
			人员伤亡	经济损失		

4.8 风险等级

$$\text{风险等级}=\text{事故可能性}\times\text{事故严重程度}$$

式中，“×”表示事故发生可能性和事故严重程度的组合。

事故可能性应重点考虑物的状态、人的因素及施工管理缺陷。其中物的状态主要考虑气候环境、地形地貌、施工难度等工程客观条件；人的因素及施工管理主要考虑：总包企业资质、专业及劳务分包企业资质、历史事故情况、作业人员经验、安全管理人员配备及安全投入情况。事故可能性等级标准如表4.8-1所示。

表4.8-1　事故可能性等级标准

概率范围	中心值	概率等级描述	概率等级
＞0.3	1	很可能	4
0.03~0.3	0.1	可能	3
0.003~0.03	0.01	偶然	2
＜0.003	0.001	不太可能	1

注：（1）当概率值难以取得时，可用频率代替概率。
（2）中心值代表所给区间的对数平均值。

事故严重程度根据实际情况考虑人员伤亡、直接经济损失、工期延误、环境破坏、社会影响等方面的后果，可划分为四个等级（一般、较大、重大和特大），当多种后果同时产生时，应采用就高原则确定事故严重程度等级，如表4.8-2所示。

表4.8-2　风险等级标准

严重程度等级 / 可能性等级		一般	较大	重大	特大
		1	2	3	4
很可能	4	高度Ⅲ	高度Ⅲ	极高Ⅳ	极高Ⅳ
可能	3	中度Ⅱ	高度Ⅲ	高度Ⅲ	极高Ⅳ
偶然	2	中度Ⅱ	中度Ⅱ	高度Ⅲ	高度Ⅲ
不太可能	1	低度Ⅰ	中度Ⅱ	中度Ⅱ	高度Ⅲ

4.9　评估资料

施工安全风险评估的基础资料应包括以下内容：

（1）项目可行性研究报告；

（2）工程水文、地质勘察报告等；

（3）施工图设计文件；

（4）工程设计阶段风险评估报告；

（5）施工组织设计；

（6）施工单位类似工程业绩，本项目拟投入的机械设备、技术人员以及施工工法等相关资料；

（7）类似工程安全事故案例；

（8）相关法律法规及标准规范。

4.10 评估报告

风险评估工作应形成评估报告。评估报告应反映风险评估过程的主要工作。报告内容应包括：评估依据、工程概况、评估方法、评估步骤、评估内容、评估结论及对策建议等。

评估结论应明确风险等级、可能发生事故的关键部位、区域或节点、事故发生概率、规避或者降低风险的建议措施等内容。

Ⅲ级（高度风险）及以上施工作业活动（施工区段）的风险控制，应符合下列规定：

（1）重大风险源的监控与防治措施、应急预案经施工单位技术负责人和项目总监理工程师审批后，由建设单位组织论证或复评估后实施。

（2）建立重大风险源的监测及验收、日常巡查及记录、定期报告的工作制度，并组织实施。

（3）施工项目经理或技术负责人在工程施工前，应对施工人员进行安全技术培训及交底；施工现场应设立相应的危险告知牌。

（4）适时组织对典型的重大风险源应急救援演练。

（5）当专项风险等级为Ⅳ级（极高风险）且无法降低时，必须提高现场防护标准，落实应急处置措施，视情况开展第三方施工监测；未采取有效措施的，不得施工。

5 安全生产检查与评价

5.1 一般规定

（1）工程项目的建设单位、监理单位和施工单位均应制定相应的安全检查制度。

（2）安全检查内容具体如下。

①查物的状态是否安全

检查生产设备、工具、安全设施、个人防护用品、生产作业场所以及生产物料的存储是否符合要求。

②查人的行为是否安全

检查有无违章指挥、违章操作、违反安全生产规章制度的行为，重点检查危险性大的作业岗位是否严格按操作规程作业，危险作业是否执行审批程序。

③查安全管理是否完善

检查安全生产管理制度是否建立健全，安全生产责任制是否落实，安全生产总目标和工作计划是否落实到各部门、各岗位，安全教育是否经常开展并使职工安全素质得到提高，安全生产检查是否制度化、规范化，检查发现的事故隐患是否及时整改，实施安全技术与措施计划的经费是否落实，是否按“四不放过”原则做好事故处置工作。

（3）安全检查的主要形式有：验收性检查、定期检查、专项检查、经常性检查、季节性检查。

（4）工程参建单位应建立安全事故隐患排查治理长效机制，定期开展安全事故隐患排查治理活动，重点推动安全生产责任制的落实，全面排查整治安全事故隐患和事故易发环节，认真解决存在的突出问题，有效防范和遏制生产安全事故的发生。

（5）建设单位、监理单位和施工单位均应按交通运输部《交通运输部关于开展公路水运工程“平安工地”考核评价工作的通知》（交质监发〔2012〕679号）要求，定期开展考核评价工作。

5.2 安全检查

（1）开（复）工前安全检查。新项目开工前和在建项目停工后复工前，应由监理单位组织施工单位等相关部门进行工地的全面检查，核查项目是否具备安全生产条件，如发现问题应及时督促整改，符合安全生产条件的方可开（复）工。

（2）定期检查。工程参建单位开展检查时，应由其主要负责人牵头组织。定期检查应明确检查频率，重点检查重大风险源的安全防范技术措施及现场安全防护措施的落实情况。建设单位宜每季度组织不少于1次的检查，监理单位宜组织每两个月不少于1次的检查，施工单位应组织每月不少于1次的全面检查，施工班组每日应对施工生产进行检查。

（3）专项检查。专项检查分为内业检查和外业检查。其中，内业检查可分为保证项检查和一般项检查。

①保证项检查包括：安全生产责任制，施工组织设计及专项施工方案，安全生产专项费用，风险评估管理，安全技术交底，安全检查评价，安全教育培训，应急管理等。

②一般项检查包括：分包单位的管理，持证上岗，生产安全事故处理等。

③外业检查包括：安全防护，施工用电，消防安全，设备安全，危险性较大分部分项工程专项施工方案执行情况，安全标志等。

④专项检查由安全管理部门组织，针对工程建设的关键环节、关键部位的安全状况采取有针对性的检查，宜对照专项施工方案进行检查，以发现并解决在施工前及施工中存在的问题。

（4）经常性检查。检查应由施工单位安全管理人员或监理单位的安全监理工程师，根据工程施工作业进度适时安排。施工单位安全管理人员应针对当日作业分布情况，重点检查安全生产关键部位和事故易发环节。经常性检查应覆盖施工全过程。安全监理工程师应对重大风险源进行跟踪巡视检查。

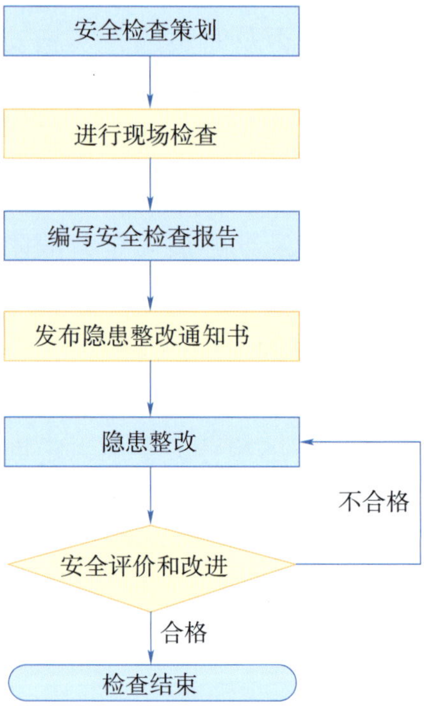

图5.2　安全检查流程图

（5）季节性检查。检查内容可根据施工安全敏感时间段（如冬季、雨季、放假时间较长的节假日等）确定，同时应对该时间段的安全注意事项（如防滑、防冻、防坍塌、防火、防中毒、防坠落、防疲劳、防思想松懈等）提前布置并加强检查。

（6）验收性检查。主要检查对象是施工现场新搭设的脚手架、物料提升机、施工用电、塔吊、外用电梯、大型模板支撑系统等项目。检查应严格对照相关标准进行。工程实行总承包的，当存在两个或多个分包单位共同或交叉施工时，验收性检查应由总承包单位组织，对相关作业部位的安全作业环境条件进行验收和移交。

（7）安全检查记录和安全事故隐患整改、处置和复查。

①对于检查中发现的违章指挥、违章作业行为，应立即制止，并责令其予以纠正。

②各类安全检查应按相关技术标准和规章制度的要求进行，安全检查结果应形成文字记录。安全事故隐患整改应做到“三定”，即定人、定时间、定措施。

③安全事故隐患治理情况应按期复查，复查合格后方可销项；复查情况应形成文字记录。

安全检查流程如图5.2所示。

5.3 事故隐患排查治理

（1）施工现场安全事故隐患主要分以下两类。

①一般事故隐患。指危害和整改难度较小，发现后能够立即整改排除的隐患。

②重大事故隐患。指危害和整改难度较大，应全部或局部停工整顿，并经过一定时间整改治理方能排除的隐患，或因外部因素影响致使施工单位自身难以排除的隐患。

（2）施工单位是安全事故隐患排查治理的责任主体，应结合工程特点，建立健全安全事故隐患排查、建档、治理、验收、销号的工作制度，并设专人负责。建设、监理及相关单位应积极配合施工单位做好重大事故隐患的排查治理工作。

（3）施工单位应定期组织安全生产管理人员、工程技术人员和其他相关人员排查安全事故隐患。对排查出的重大事故隐患，应登记建档、制订专项治理方案，明确治理的措施、资金、时限和责任人，并向监理单位、建设单位报告。

（4）监理单位发现施工安全事故隐患时应及时纠正，严格审查重大事故隐患治理方案，并对治理全过程予以监督检查和复核验收。对施工单位不认真治理，或重大事故隐患可能产生严重后果的，应及时向建设单位报告。

（5）安全事故隐患排查治理内容包括：一是施工安全法律法规、标准规范和规章制度的贯彻执行情况；二是安全生产责任制和责任追究制的建立和落实情况；三是安全生产专项费用的提取和使用情况；四是危险性较大分部分项工程，特别是深基坑工程、高边坡工程、高大模板工程、施工起重机械设备以及脚手架工程等专项施工方案的编制、专家论证和实施情况；五是安全培训教育情况，特别是农民工、特种作业人员培训教育和“三类人员”的培训考核及持证上岗；六是应急救援预案的制订、演练以及有关应急物资设备的配备和维护情况；七是施工班组安全事故隐患定期巡查记录、自查自纠和销号情况；八是事故报告和处理，以及对有关责任单位和责任人的追究和处理情况。

（6）安全事故隐患排查治理应以防范脚手架、起重机械事故和规范安全防护用品的使用为重点，主要内容包括：一是模板支撑系统的施工方案的编制、审批、专家论证、交底、验收等情况；二是起重机械的备案登记、安装、拆卸、检测、验收、使用、维修保养等情况；三是安全帽、安全带和安全网等安全防护用品的采购、查验、检测、使用情况。

（7）施工安全事故隐患治理应做到五落实，即“方案落实、材料落实、资金落实、进度落实、责任落实”。

①对于一般事故隐患，由施工单位项目负责人或有关人员立即组织整改。

②对于重大事故隐患，应制订并实施隐患治理方案。重大隐患治理方案应包括以下内容：

a.治理的目标和任务；

b.采取的方法和措施；

c.经费和物资的落实；

d.负责治理的机构和人员；

e.治理的时限和要求；

f.安全措施和应急预案。

（8）施工单位在安全事故隐患治理过程中，应采取相应的安全防范措施，防止事故发生。隐患排除前或者排除过程中无法保证安全的，应从危险区域内撤出作业人员，疏散可能危及的其他人员，并设置警戒标志，暂时停产或者停止使用。

（9）施工单位应坚持“不安全，不生产”的原则，对当时不能立即排除的安全事故隐患，应采取有效的防范措施加以控制，并限期解决；对隐患无防范措施的单位，建设单位和监理单位要坚决予以停工整改。

5.4 安全评价和改进

5.4.1 安全评价

（1）施工单位应以创建“平安工地”为安全管理目标，强化科学管理，对合同段创建“平安工地”及考核评价结果负主体责任。施工单位应建立健全安全生产责任体系，保证安全生产条件，落实安全生产责任，编制专项施工方案，开展安全风险预控。经常开展安全生产自查和安全事故隐患排查，每月应至少组织一次全面自查，重点检查“平安工地”建设情况、安全管理及工程现场安全生产情况，及时消除安全管理中的薄弱环节。自查考核评价结果应存档，并向监理和建设单位报备。

（2）监理单位应将创建“平安工地”作为安全监理的主要内容，严格执行安全检查、巡查和督促整改，强化专项施工方案的审查审批，定期开展安全隐患排查，发现问题及时督促整改，确保“平安工地”建设要求落到实处。按规定每季度对监理范围内各施工合同段独立开展考核评价，复核施工单位自查考核评价结果。同时，对本监理合同段进行自查考核评价。监理单位的考核评价结果应存档，并向建设单位报备。

（3）建设单位应落实安全生产责任，加强组织领导，改善安全生产条件，保证安全生产费用，对“平安工地”创建达标负总责。建设单位应建立和完善考核评价和奖惩制度，加强过程监督检查和隐患排查治理，及时督促整改安全隐患，对创建工作和隐患整改不力的单位应予以处罚。监理单位应每半年对所有施工和监理合同段组织一次“平安工地”考核评价，建立考核评价台账，发现问题应限期整改。建设单位应建立和完善“平安工地”档案管理制度，对施工和监理单位的考核评价记录及结果应存档，并将评价结果向负责监管的交通运输主管部门报备。

5.4.2 改进

（1）工程参建单位每年应根据评定结果，对安全生产目标、考核指标、规章制度、操作规程等进行修改完善，持续改进。

（2）工程参建单位发生死亡事故后，应重新进行全面评定。

6 安全生产应急管理

6.1 一般规定

（1）工程项目安全生产应急管理应遵循“以人为本、安全第一，居安思危、预防为主”的原则。

（2）工程参建单位应根据建设工程施工的特点、范围，对施工现场易发生重大生产安全事故的部位、环节进行监控，并制订施工现场生产安全事故应急预案。

（3）实行施工总承包的，由总承包单位统一组织编制建设工程生产安全事故应急预案，工程总承包单位和分包单位应按照应急预案做好应急管理工作。

（4）工程参建单位应建立应急救援组织或者配备应急救援人员，明确兼职应急救援队伍人数。原则上，合同价不大于5 000万元的，人数不少于15人；5 000万元以上的，每增加3 000万元，人数增加5人。应配备必要的应急救援器材、设备，并定期组织演练。

（5）生产安全事故发生后，工程参建单位应按照国务院《生产安全事故报告和调查处理条例》（2007年国务院令第493号）规定，及时、准确报告安全生产事故内容，保护事故现场，配合事故调查处理工作。

6.2 应急预案

6.2.1 应急预案分类

公路水运工程项目应急预案一般分为总体预案、专项预案和现场应急处置方案。

（1）总体预案包括项目总体预案和施工合同段总体预案。项目总体预案由建设单位根据项目特点，在对项目进行安全风险评估的基础上制订；施工合同段总体预案由施工单位根据施工合同段工程特点和施工组织设计，在对施工工序进行安全风险评估的基础上制订。项目总体预案由建设单位技术负责人组织编写，报其上级主管单位备案。施工合同段总体预案由施工单位技术负责人组织编写，驻地监理工程师审核，总监理工程师审批，报建设单位备案。

（2）专项预案是指按照地方政府、行业主管部门要求和施工专业特点编制的具有针对性的预案，如汛期编制防台风预案、防汛预案，森林地区施工时编制森林防火预案等，一般由施工单位技术负责人组织编写，驻地监理工程师审核，总监理工程师审批。

（3）现场应急处置方案是在对项目主要风险源进行认真详细分析的基础上，针对重大风险源可能引发的生产安全事故，拟定事故处置过程中各级单位和部门详细报告程序、处置流程和应对措施的工作方案。现场应急处置方案由施工单位技术负责人组织编写，驻地监理工程师审核，总监理工程师审批，报建设单位备案。

6.2.2 总体预案的主要内容

1）项目总体预案

（1）编制依据；

（2）指导思想、实施原则和工作目标；

（3）工程总体概况、危险性较大分部分项工程内容；

（4）危险性较大分部分项工程风险源分析以及相关预防措施；

（5）实施预案的应急组织机构与职责；

（6）预案的启动、实施和演练；

（7）与各施工合同段总体预案、专项预案之间的联动方式。

2）施工合同段总体预案

（1）编制依据；

（2）指导思想、实施原则和工作目标；

（3）施工合同段工程概况、危险性较大分部分项工程内容；

（4）危险性较大分部分项工程风险源分析以及具体预防措施；

（5）实施预案的应急组织机构与职责；

（6）预案的启动、实施和演练；

（7）与专项预案之间的联动方式。

6.2.3 专项预案的主要内容

专项预案的主要内容如下：

（1）编制依据；

（2）指导思想、实施原则和工作目标；

（3）施工合同段工程概况、危险性较大分部分项工程内容；

（4）危险性较大分部分项工程风险源分析以及具体预防措施；

（5）实施预案的应急组织机构与职责；

（6）预案的启动、实施和演练；

（7）与现场处置方案的联动方式。

6.2.4 现场应急处置方案的主要内容

1）现场应急处置方案的基本要求

（1）符合有关法律、法规、规章和标准的规定；

（2）各级别单位和部门责任明确，处置行为界面清晰；

（3）重大风险源分析详细透彻，处置措施科学有效；

（4）各级别单位的处置行为衔接紧密，程序连贯；

（5）需要通过演练不断完善。

2）现场应急处置方案的编制要点

（1）编制依据；

（2）确定可能发生的安全事故类型；

（3）应急救援原则；

（4）引发事故的重大风险源；

（5）事故报告程序和责任人；

（6）事故现场各项有针对性的应急处置措施及落实要求；

（7）各级别单位接到事故报告后的应急启动和主要措施；

（8）所有单位的应急过程所遵循的指挥与配合原则。

6.3 应急启动、救援与恢复

6.3.1 应急启动主要工作

应急启动的主要工作如下：

（1）成立领导小组；

（2）各专业小组（如指挥组、专家组、现场救援组、医疗组、宣传组等）成立并立即运转；

（3）现场指挥到位；

（4）应急资源调配。

6.3.2 应急救援主要工作

应急救援的主要工作如下：

（1）人员救助；

（2）工程抢险；

（3）警戒与交通管制；

（4）医疗救护；

（5）人员疏散和环境保护；

（6）现场监测。

6.3.3 应急恢复主要工作

应急恢复的主要工作如下：

（1）现场清理；

（2）解除警界；

（3）善后处理；

（4）事故调查。

6.4 预案演练

预案演练的一般要求如下：

（1）预案演练可采取桌面演练、书面演练和现场演练等形式。

（2）演练前应制订演练方案并向参演人员进行技术交底。

（3）演练后，要真实记录演练情况。针对演练过程中发现的问题进行总结、修改完善，并再次进行交底。

6.5 事故报告和处理

6.5.1 生产安全事故等级

根据国务院《生产安全事故报告和调查处理条例》（2007年国务院令第493号）规定，按照生产安全事故造成的人员伤亡或者直接经济损失，事故一般分为以下等级：

（1）特别重大事故，是指造成30人以上死亡，或者100人以上重伤（包括急性工业中毒，下同），或者1亿元以上直接经济损失的事故；

（2）重大事故，是指造成10人以上30人以下死亡，或者50人以上100人以下重伤，或者5 000万元以上1亿元以下直接经济损失的事故；

（3）较大事故，是指造成3人以上10人以下死亡，或者10人以上50人以下重伤，或者1 000万元以上5 000万元以下直接经济损失的事故；

（4）一般事故，是指造成3人以下死亡，或者10人以下重伤，或者1 000万元以下直接经济损失的事故。

本条所称的“以上”包括本数，所称的“以下”不包括本数。

6.5.2 生产安全事故报告

（1）事故发生后，事故现场有关人员应立即向本单位负责人报告；单位负责人接到报告后，应于1小时内向事故发生地县级以上人民政府安全生产监督管理部门和负有安全生产监督管理职责的有关部门报告。

（2）情况紧急时，事故现场有关人员可直接向事故发生地县级以上人民政府安全生产监督管理部门和负有安全生产监督管理职责的有关部门报告。

（3）事故发生后，施工单位还应立即报告监理单位和建设单位；监理单位得到消息后，应向建设单位报告；建设单位应向事故发生地交通运输主管部门报告。

（4）事故报告的主要内容如下：

①事发项目的简要概况；

②事故发生的时间、地点以及现场情况；

③事故的简要经过和当前状态；

④事故已经造成或者可能造成的伤亡人数（包括下落不明的人数），以及初步估计的直接经济损失；

⑤已经采取的控制措施；

⑥对事态发展的初步评估（如果有）；

⑦报告人（或单位）姓名（或名称）、联系方式；

⑧其他应报告的情况。

（5）事故发生后，有关单位和人员应妥善保护事故现场和相关证据，任何单位和个人不得破坏事故现场、毁灭证据。因抢救人员、防止事故扩大以及疏通交通等原因，需要移动事故现场物件的，应做出标志，绘制现场简图并做出书面记录，妥善保存现场重要痕迹、物证。

（6）事故发生24小时内，应形成专门文字报告并上报。事故报告后出现新情况的，应及时补报。自事故发生之日起30日内，事故造成的伤亡人数发生变化的，应及时补报；道路交通事故、火灾事故自发生之日起7日内，事故造成的伤亡人数发生变化的，应及时补报。

7 安全技术管理与培训

7.1 一般规定

（1）工程参建单位应重视施工本质安全技术管理。规范安全技术交底工作，提高从业人员的安全意识、安全知识和安全操作技能，是指导施工、预防事故、保障施工安全的必要手段和根本途径。

（2）施工安全技术管理的重点：施工组织设计安全技术措施、危险性较大的分部分项工程专项施工方案、安全监理计划等。

（3）工程项目安全培训的重点：安全技术交底，以及法律法规、标准规范、操作规程要求的各类安全培训。

7.2 安全技术措施

（1）开工前，施工单位应编制针对本工程项目特点的施工组织设计，其中包括安全技术措施内容。

（2）监理单位应对安全技术措施内容是否符合强制性标准要求进行重点审查，审查合格后方可同意工程开工。

（3）施工组织设计的安全技术措施主要包含如下内容：

①安全生产管理目标；

②安全生产组织体系、责任体系以及安全生产条件（包括施工企业“三类人员”考核合格证书）；

③安全生产责任制、安全生产管理制度、施工作业操作规程；

④符合有关安全要求的施工场地布置图及说明；

⑤符合国家有关安全规定的安全防护用具、机械设备、施工机具清单；

⑥施工现场防火措施；

⑦危险性较大分部分项工程及施工现场重大风险源清单及监控措施；

⑧项目安全技术控制要点；

⑨生产安全事故应急预案；

⑩施工人员安全教育计划、安全技术交底安排；

⑪安全生产专项费用使用计划。

7.3 专项施工方案

（1）危险性较大的分部分项工程，是指公路水运工程在施工过程中存在的、可能导致作业人员群死群伤或造成重大不良社会影响的分部分项工程。

（2）危险性较大的分部分项工程专项施工方案，是指在公路水运工程建设中，施工单位在编制施工组织设计的基础上，针对危险性较大的分部分项工程单独编制的质量安全技术措施文件。

（3）根据《建设工程安全生产管理条例》、《公路水运工程安全生产监督管理办法》规定，工程项目危险性较大的分部分项工程应编制专项施工方案。

（4）超过一定规模的危险性较大的分部分项工程专项施工方案，应经专家论证，论证通过后方可实施。

（5）专项施工方案实施时，应落实项目负责人轮流带班生产制度。

7.3.1 危险性较大分部分项工程范围

危险性较大的分部分项工程和超过一定规模危险性较大的分部分项工程如表7.3.1所示。

表7.3.1 危险性较大的分部分项工程范围

序号	危险性较大的分部分项工程	超过一定规模危险性较大的分部分项工程
1	不良地质条件下有潜在危险性的土方、石方开挖	1. 深度≥5m的基坑（槽）的土（石）方开挖； 2. 开挖深度虽未超过5m，但地质条件、周围环境和地下管线复杂，或影响毗邻建筑（构筑）物安全，或存在有毒有害气体分布的基坑（槽）的土方开挖、支护、降水工程
2	滑坡和高边坡处理	1. 滑坡量大于10^5m^3的中型以上滑坡体； 2. 高度≥20m的土质边坡，或高度≥30m的岩质边坡
3	桩基础、挡墙基础、深水基础及围堰工程	1. 深度≥15m的人工挖孔桩或开挖深度不超过15m，但地质条件复杂或存在有毒有害气体分布的人工挖孔桩工程； 2. 深度≥5m的挡墙基础； 3. 水深≥20m的深水基础；水深≥10m的围堰工程
4	桥梁工程中的梁、拱、柱等构件施工	1. 长度≥40m的预制梁的运输与安装，钢箱梁吊装； 2. 长度≥150m的钢管拱安装施工； 3. 高度≥40m的墩柱、高度≥100m的索塔等的施工

续上表

序号	危险性较大的分部分项工程	超过一定规模危险性较大的分部分项工程
5	隧道工程中的不良地质隧道、高瓦斯隧道、水底或海底隧道等	1. 隧道穿越高地应力区、岩溶发育区、区域地质构造、煤系地层、采空区等工程地质或水文地质条件复杂地质环境； 2. 浅埋、偏压、连拱、小净距、大跨度、变化断面等结构受力复杂的隧道工程； 3. VI、V级围岩连续长度占总隧道长度10%以上且连续长度超过50m以上； 4. 高瓦斯隧道； 5. 长度≥1000m的水底、海底隧道
6	水上工程中的打桩船作业、施工船作业、外海孤岛作业、边通航边施工作业等	1. 离岸无掩护条件下的桩基施工； 2. 开敞式水域大型预制构件的运输与吊装作业； 3. 沉箱的浮运与安装作业； 4. 深水防波堤施工； 5. 在三级及以上通航等级的航道上进行的水上水下施工
7	水下工程中的水下焊接、混凝土浇筑、爆破工程等	1. 水下爆破工程； 2. 30m水深以上的潜水作业（水下焊接、混凝土浇筑等）
8	爆破工程	爆破工程为C级及以上
9	大型临时工程中的大型支架、模板、便桥的架设与拆除；桥梁、码头的加固与拆除	1. 50m及以上落地式钢管脚手架工程。用于钢结构安装等满堂承重支撑体系，承受单点集中荷载7kN以上； 2. 混凝土模板支撑工程高度≥8m；跨度≥18m，施工总荷载≥15kN/m²；集中线荷载≥20kN/m； 3. 挂篮、移动模架等模板施工工艺； 4. 便桥搭设、中型桥梁、中型码头的加固与拆除
10	其他危险性较大的工程	上跨下穿或临近既有线路施工

注：对于超过一定规模危险性较大的分部分项工程，各地可根据实际情况，进一步细化。

7.3.2 专项施工方案的主要内容

专项施工方案主要包括以下内容。

（1）工程概况：危险性较大的分部分项工程概况、水文地质条件、施工平面布置、施工要求和技术保证条件。

（2）编制依据：相关法律、法规、规范性文件、标准、规范及图纸（国标图集）、施工组织设计等。

（3）分部分项工程影响质量、安全的风险源分析及相关预防措施。

（4）设计计算书和设计施工图等设计文件。

（5）施工准备：包括施工进度计划、材料与设备计划。

（6）施工部署：包括技术参数、工艺流程、施工方法、施工技术要点。

（7）人员计划：专职安全生产管理人员、特种作业人员等资格要求。

（8）施工控制：检查验收、安全评价、预警观测措施。

（9）应急预案及处置措施。

7.3.3 专项施工方案的审批

（1）专项施工方案宜经施工单位技术、安全、质量等部门的专业技术人员审核，经审核合格后，由施工单位技术负责人签字。分包单位制订的专项施工方案应由总承包单位技术负责人审核签字。

（2）不需专家论证的专项施工方案，经施工单位审核合格后报监理单位，由项目总监理工程师审核签字后即可实施。

（3）超过一定规模的危险性较大的分部分项工程专项施工方案，应由施工单位组织召开专家论证会。专家组成员应由5名及以上符合相关专业要求的专家组成。专家论证的主要内容如下：

①专项施工方案内容是否完整、可行；

②专项施工方案计算书和验算依据是否符合有关标准规范；

③安全施工的基本条件是否满足现场实际情况；

④专项施工方案经论证后，专家组应提交论证报告，对论证的内容提出明确意见，并在论证报告上签字。该报告作为专项施工方案修改完善的指导意见。

（4）施工单位应根据论证报告修改完善专项施工方案，并经施工单位技术负责人、项目总监理工程师、建设单位技术负责人签字后，方可组织实施。

（5）专项施工方案经论证后需做重大修改的，施工单位应按照论证报告修改，并重新组织专家进行论证。

（6）施工单位应严格按照专项施工方案组织施工，不得擅自修改、调整专项施工方案。如因设计、结构、外部环境等因素发生变化确需修改的，修改后的专项施工方案应重新履行审核程序。对于超过一定规模的危险性较大工程的专项施工方案，修改后的专项施工方案应重新组织专家进行论证。专项施工方案的审批流程如图7.3.3所示。

7.3.4 专项施工方案实施

（1）施工单位方案编制人员或项目技术负责人应向现场管理人员和作业人员进行安全技术交底。

（2）施工单位应指定专人对专项施工方案实施情况进行现场监督和按规定进行监测。施工单位技术负责人应定期巡查专项施工方案实施情况。

（3）在检查巡视中发现问题的，应责令整改并且立即采取有效安全防护措施；发现不按照专项施工方案施工的，应要求其立即整改；发现有危及人身安全紧急情况的，应立即组织作业人员撤离危险区域；发生险情或事故的，施工单位应停止作业，及时启动并实施相应的应急预案，防止事态恶化；险情或事故处理后，应对施工现场进行清理，全面核查安全生产条件，经有关部门同意后，方可恢复施工。

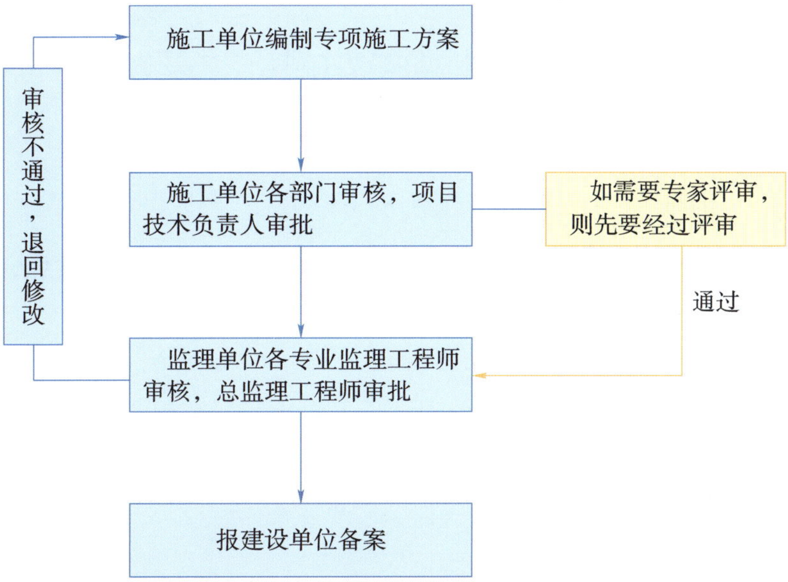

图7.3.3　专项施工方案的审批流程图

（4）对于按规定需要验收的危险性较大的分部分项工程，施工单位、监理单位应组织有关人员进行验收。验收合格的，经施工单位项目技术负责人及项目总监理工程师签字后，方可进入下一道工序。

（5）监理单位应对专项施工方案实施情况进行现场监理；对不按专项施工方案实施的，应责令整改，施工单位拒不整改的，应及时向建设单位报告；建设单位接到监理单位报告后，应立即责令施工单位停工整改；施工单位仍不停工整改的，建设单位应及时向当地主管部门报告。监理单位应将危险性较大的分部分项工程列入监理计划和监理细则。

7.4　安全生产监理计（规）划及监理细则

（1）根据《公路水运工程安全生产监督管理办法》及现行《公路工程施工监理规范》（JTG G10）、《水运工程施工监理规范》（JTJ 216）的要求，监理单位应在工程开工前，根据工程项目的建设情况，编制安全生产监理计（规）划及监理细则，并经总监理工程师批准后实施。

（2）安全生产监理计（规）划主要包括以下内容：

①工程概况；

②监理依据；

③安全监理服务范围和目标；

④安全监理组织机构及监理岗位职责；
⑤安全监理工作制度；
⑥安全监理工作计划；
⑦安全监理单位人员和设备的配备和进退场计划；
⑧安全监理控制清单，监理方法和措施；
⑨监理程序及表格。

（3）安全生产监理细则主要包括以下内容：
①危险性较大分部分项工程施工现场环境状况和安全监理工作特点；
②安全监理单位人员安排和分工；
③现场安全监理的检查和控制要点；
④安全监理工作方法和措施；
⑤监理程序及表格和资料目录。

7.5 安全技术交底

7.5.1 设计交底

（1）工程开工前，设计单位应向建设单位、施工单位和监理单位进行施工图设计交底，设计单位在交底过程中应突出安全要点。

（2）设计单位应对涉及施工安全的重要部位和环节，在设计文件中注明，并对防范生产安全事故提出交底意见。

（3）对于采用“四新技术”、特殊工艺要求、特殊性结构、特殊构造的工程项目，设计单位应在设计中提出保障施工作业人员安全和预防安全事故的措施建议。

（4）针对施工过程中由于设计原因造成的不安全因素，应及时进行设计方案的修改和完善，以满足施工安全作业要求。

7.5.2 施工交底

（1）施工安全技术交底要求

施工安全技术交底由施工单位项目部技术负责人负责实施，实行逐级安全技术交底制度。横向涵盖项目部内各职能部门，纵向延伸到施工班组全体作业人员，任何人未经安全技术交底不准作业。安全技术交底应涵盖工程概况、施工方法、施工程序、安全技术措施等内容。

①分部分项工程开工前，施工方案（施工专项方案）的编制人员应向项目部管理人员、分包单位或作业班组负责人进行安全技术交底。

②危险性较大的分部分项工程施工前，应由专项施工方案编制人会同施工员，将安全技术措施、施工方法、施工工艺、施工中可能出现的风险因素、安全施工注意事项和紧急避险措施等，向参加施工的全体管理人员（包括分包单位现场负责人、安全管理员）、作业人员进行交底。

③各工种作业安全技术交底采用层级交底制，主要工序和特殊工序由项目技术负责人对主管施工员进行交底，主管施工员再向施工班组负责人进行技术交底；班组负责人还应对作业人员进行技术交底。一般工序由施工技术员直接向各施工班组进行交底。

（2）施工安全技术交底的主要内容

①施工组织设计方案交底的主要内容如下：

a.采用的施工方法、施工机械、实施方案应注意的问题，要求达到的安全、质量、进度以及文明施工目标；

b. 有关班组的配合与支持，人员的管理办法与措施；

c. 有关施工机械的性能、进场及运行路线要求，原材料数量要求、质量要求、进场时间等；

d. 主要劳动力、主要技术工种人员的技能要求、进场时间要求；

e. 施工工艺要求，工艺标准等。

②工程总承包单位向专业分包单位进行安全技术交底的主要内容如下：

a. 施工部位、内容和环境条件；

b. 专业分包单位、施工作业班组应掌握的相关现行标准规范、安全生产、文明施工规章制度和操作规程；

c. 资源的配备及安全防护、文明施工技术措施；

d. 动态监控以及检查、验收的组织、要点、部位及节点等相关要求；

e. 与之衔接、交叉的施工部位、工序的安全防护、文明施工技术措施；

f. 潜在事故应急措施及相关注意事项。

（3）当工程项目出现以下情况时，应重新组织安全技术交底：

①更新仪器、设备和工具，推广新技术、新工艺，使用新材料；

②发生因工伤亡事故、机械损坏事故及重大未遂事故；

③出现其他不安全因素和安全生产环境发生变化。

（4）安全技术交底要具体、明确、及时，有针对性和可操作性，符合有关安全技术标准和操作规程的规定。

（5）安全技术交底应优先交底采用的新的安全技术方法和技术措施。

（6）安全技术交底应按规定程序进行，并履行书面交底签字手续，相关责任人各执一份。

（7）施工单位应加强对安全技术交底工作的监督检查、效果评价和督促整改。

7.5.3 班组交底

（1）施工技术人员应向施工作业班组负责人和作业人员进行安全技术交底。

（2）班（组）长（工区施工负责人）每天应根据当天作业的施工要求、作业环境等，分部位、分工种向工人进行工（班）前安全技术交底并做好记录，履行签字手续。重点部位的施工安全技术交底宜由施工单位技术人员组织。

（3）专职安全生产管理人员应参与班（组）安全技术交底工作，并监督实施；施工单位内设的质量、安全管理部门等应督促施工班（组）做好班（组）的交底工作。

（4）新进场工人在上岗操作前，施工单位质量、安全管理部门应联合对其进行本工种的安全技术操作规程的交底。操作内容或作业场地变化时应重新进行安全技术交底。

（5）作业人员应按交底的要求施工，不得擅自变更。

（6）施工班组安全技术交底应突出以下内容：

①告知施工过程中的作业危险特点、重大危险源及危害因素；

②针对危险点和重大风险源制订具体的预防措施；

③作业过程中应注意的安全事项；

④特殊工序的操作方法和相应的安全操作规程和标准要求；

⑤发生安全生产事故后应采取的自救方法、紧急避险和紧急救援措施等。

7.6 培训教育

（1）工程参建单位应严格执行国家、地方、行业及企业对员工安全教育培训的有关规定，适时组织员工和特种作业人员的教育培训工作，从业人员应按规定持有效的资格证书上岗。未经安全生产教育培训考核或者培训考核不合格的人员，不得上岗作业。

（2）安全教育培训应坚持先培训、后上岗的原则；安全教育培训有“三类人员”培训、特种作业人员培训、进场安全教育、三级安全教育、班前（岗前）安全教育等形式。

（3）安全教育培训应贯穿施工全过程，并有计划地分层次、分岗位、分工种实施，所有安全教育要有受教育人的亲笔签名，其教育培训情况记入个人工作档案。

（4）“三类人员”应参加规定课时和规定内容的安全教育培训，取得考核合格证，并应在证书有效期内至少参加一次由交通运输主管部门组织的、不少于8学时的安全生产继续教育。

（5）特种作业人员应参加相关主管部门的安全培训，取得特种作业操作资格证书，并按规定参加复审培训。

（6）新工人进场应进行公司级、项目部级、班组级三级安全教育，公司级、项目部级不少于15学时，班组级不少于20学时。

（7）施工单位在采用新技术、新工艺、新设备、新材料时，应对作业人员进行相应的安全生产教育培训。

（8）新进人员和作业人员进入新的施工现场或转入新的岗位前，应进行安全生产培训。

（9）施工单位应对管理人员和作业人员进行每年不少于两次的安全生产教育培训。

（10）施工单位法定代表人、生产经营负责人、项目经理每年接受安全培训的时间不得少于30学时。

（11）专职安全管理人员每年应接受安全技术专业培训的时间不得少于40学时。

（12）其他管理人员和技术人员每年应接受安全培训的时间不得少于20学时。

（13）特殊工种（包括电工、焊工、架子工、司炉工、爆破工、机械操作工、起重工、塔吊司机及指挥人员、人货两用电梯司机等）在通过专业技术培训并取得岗位操作证后，每年仍须接受有针对性的安全培训，时间不得少于20学时。

（14）企业其他职工每年接受安全培训的时间不得少于15学时。

（15）企业待岗、转岗、换岗的职工，在重新上岗前，应接受一次安全培训，培训时间不得少于20学时。

8 场站建设

8.1 一般规定

（1）工程项目场站建设，必须根据工程所在地自然条件，从满足环境保护、周边环境、安全距离、安全管理等方面要求做好选址工作。

（2）场站建设时，应先组织相关人员按场地选址的相关要求进行现场查勘。预制构件场应编制临时设施选址方案，绘制施工场地总体平面布置图，在方案实施前必须报监理单位审查批准。其他场站建设可按照合同约定履行相关手续。

（3）场地必须进行混凝土硬化处理，场地硬化按照四周低、中心高的原则进行，面层排水坡度不应小于1.5%，必要时可适当增大排水坡度。场地四周应设置排水沟，排水沟底面采用M7.5砂浆进行抹面，做到雨天场地不积水、不泥泞，晴天不扬尘。

（4）场站的消防设施应满足现行《建设工程施工现场消防安全技术规范》（GB 50720）的有关规定。场站内的临时用电均应符合现行《施工现场临时用电安全技术规范》（JGJ 46）的有关规定，具体要求详见本指南第10章“临时用电”。

（5）施工现场的临时设施选址应设在水文地质、地基良好的地段，尽量避开泥沼、悬崖、危岩、陡坡、低洼等危险地区，以及易发生塌方、落石、滑坡、洪水、泥石流、雪崩等自然灾害，或受风暴潮、台风等自然气候影响严重的地区。

（6）场站选址应避开雷电高发区，建设时应采取防雷避雷措施。

图8.1 项目部选址示例

（7）对环境有污染的设施和材料应存放在远离人员居住的较为空旷的地点。污染严重的工程场站应配有防污染设施。

（8）场站应避开高压线路及高大树木，与通信线路保持一定距离，避开取土、弃土场地，且必须距集中爆破区500m以外；不得将项目部选在拌和站、料场的下风口（图8.1）。

（9）场站应保证消防通道畅通。

（10）有关场站的安全距离详见表8.1。

表8.1 施工现场主要临时用房、临时设施的防火间距（单位：m）

设施＼设施 间距	办公用房、宿舍	发电机房、变配电房	可燃材料库房	厨房操作间、锅炉房	可燃材料堆场及其加工场	固定动火作业场	易燃、易爆物品库房
办公用房、宿舍	4	4	5	5	7	7	10
发电机房、变配电房	4	4	5	5	7	7	15
可燃材料库房	5	5	5	5	7	7	10
厨房操作间、锅炉房	5	5	5	5	7	7	10
可燃材料堆场及其加工场	7	7	7	7	7	10	10
固定动火作业场	7	7	7	7	10	10	12
易燃、易爆物品库房	10	10	10	10	10	12	12

8.2 场站建设

8.2.1 驻地建设

（1）临时设施选址方案及施工场地总体平面布置图获得批复后，项目部负责人应立即组织相关技术人员，对项目部的办公区、生活区、拌和站、钢筋加工场、预制场、各类库房及施工便道等临时设施编写建设方案（包括位置平面布置图、临时设施结构图、使用的建筑材料、占地面积、功能区划分、场内道路布置、排水设施布置、水电设施设置、消防设施设置及施工设备的型号、数量等）。经监理单位审批同意后方可建设，并报建设单位备案。

（2）临时设施建设完成后，施工单位应填写建设验收表并报监理单位进行验收。对不符合要求的临时设施不得使用，须待整改并验收合格后方能使用。

（3）施工单位项目经理部驻地房屋可采用自建或租用沿线合适房屋。项目部办公区与生活区应分开设置，以满足工作需要（图8.2.1-1）。项目部建设场地面积相关参数原则上满足表8.2.1-1的要求。

图8.2.1-1 某项目施工项目部全景图

表 8.2.1-1 项目部建设场地面积参照表

占地面积（m^2）	办公室面积（m^2）	生活用房面积（m^2）	停车场面积（m^2）	活动休闲区面积（m^2）	绿化面积（m^2）
≥6 000	≥800	≥1 400	≥300	≥500	≥200

注：根据项目所在地区地形地势特点，可取0.6~1.4的调整系数，平原地区取大值，山区取小值。

（4）施工单位应按照投标文件有关承诺，规范用房及场地建设。施工现场主要出入口的大门和门柱应牢固，高度不得低于2m。

（5）项目部办公区、生活区及车辆停放区等功能设置科学合理，区内场地及道路应做硬化处理，排水设施完善，庭院适当绿化，环境优美整洁。

（6）办公、生活区用房应坚固、实用、美观、隔热通风，满足工作、生活需求，自建房屋还应安装、拆卸方便且满足环保要求。办公、生活区宜集中供暖或采用冷暖空调设施。

（7）自建用房最低标准为活动板房，建设应选用阻燃材料，所用材料必须符合国家相关标准并附有合格证书。活动板房搭建高度不宜超过两层，食堂、厕所只限一层。房间净空高度不低于2.6m，会议室应设在第一层，如图8.2.1-2和图8.2.1-3所示。

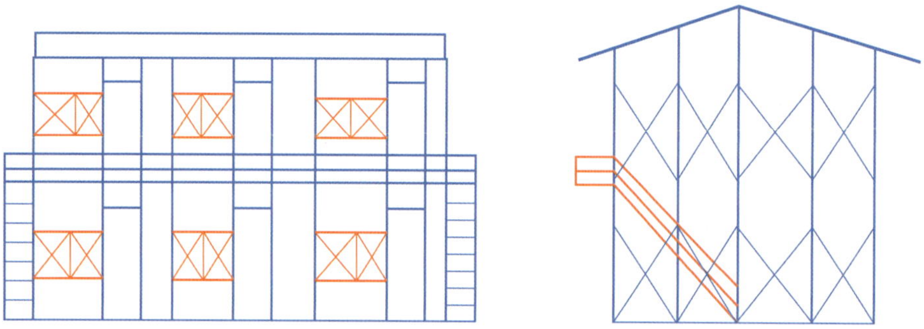

图 8.2.1-2　拼装式活动房

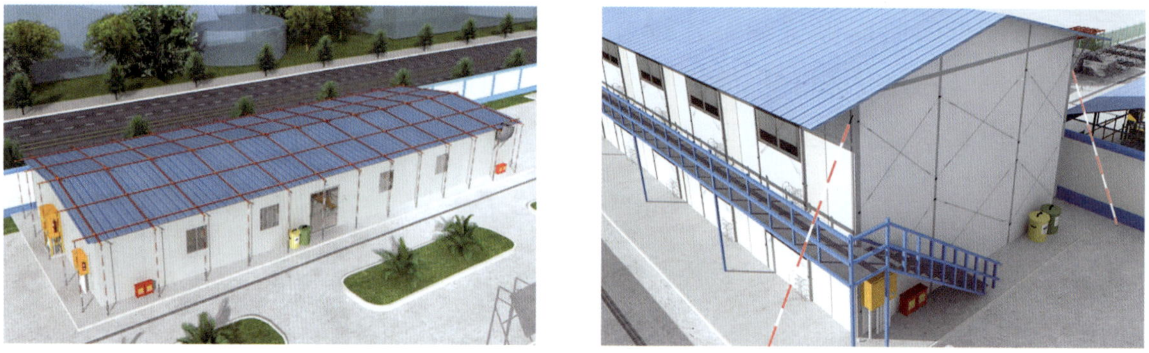

图 8.2.1-3　活动板房加固措施

（8）自建用房屋顶排水通畅，砖混结构墙体下部设0.5m高的墙裙。拼装式活动板房应能够抵抗10级风，在台风、季风期间，应采取相应的加固措施。

（9）生活用房一般应设置宿舍、食堂、淋浴室、办公室、厕所等，且应满足以下要求：

①所有班组（含劳务人员）应纳入施工工区集中居住、统一管理。

②房屋地面应硬化，门窗齐全，结构坚固，通风、照明良好。

③宿舍区应挂设治安、卫生、防火管理制度；严禁使用通铺；室内严禁存放易燃、易爆物品，严禁乱拉电线、明火做饭和使用大功率电器设备；应设有专人保洁，夏季设

有消暑、防蚊虫措施；冬季应设有保暖和防煤气中毒措施，如图 8.2.1-4所示。

④食堂内，应挂设卫生管理责任制度，炊事员（包括工作人员）应持有健康证，工作时必须戴帽子、口罩，穿工作服；应配备必要的消毒设施、冷藏设施、隔油设施和排风设施；燃气罐应单独设置存放间，存放间应通风良好并严禁存放其他物品；必须保证供应符合卫生标准的饮用水；高温季节期间，应配有降温、防暑和卫生防疫措施。

⑤施工现场应配备常用药品及紧急救助医疗设施。有条件的可配备医务人员。

（10）监理驻地办和总监办应相对独立设置，严禁驻地办和总监办合署办公。监理驻地一般按表8.2.1-2的原则设置。

图8.2.1-4　职工宿舍

表8.2.1-2　监理驻地建设标准

编　号	名　称	配备标准
1	办公用房	人均不低于$6m^2$
2	会议室	不小于$60m^2$
3	试验室	不小于$175m^2$
4	资料室	不小于$40m^2$
5	生活用房（宿舍、浴室、厕所）	人均不低于$4m^2$
6	食堂（含餐厅）	人均不低于$0.8m^2$

8.2.2　拌和站

（1）拌和站应远离生活区、居民区，尽量设在生活区、居民区的下风向。

（2）通往拌和站及作业区的施工便道，应保证混凝土运输车等施工车辆晴雨天均能顺畅通行。

（3）拌和站建设应根据工程实际情况集中布置，宜采用封闭式管理，合理划分拌和作业区、材料计量区、材料库、运输车辆停放区、试验区、集料堆放区及生活区等，内设洗车池（台）、污水沉淀池和排水系统。图8.2.2-1所示为一拌和站照片。拌和站场地硬化如图8.2.2-2所示。

（4）拌和站宜设置视频监控系统，拌和站的生活区应同其他区隔离开，生活区的建设参考项目部生活区建设。

（5）拌和站库房包括水泥、掺和料、外加剂库房。拌和站库房建设过程中应注意以下几方面：

①使用袋装水泥的，应建造库房，袋装水泥垛高不得超过10袋，宜一车一垛。

②库房面积按照不小于$1.5t/m^2$的荷载标准建设，库房内地面应做硬化、防潮处理；水泥应架空存放，且离墙（地）距离不小于30cm。

③库房内外加剂的存放高度不超过1.5m，液态外加剂应分罐存放。

a)

b)

图8.2.2-1　拌和站

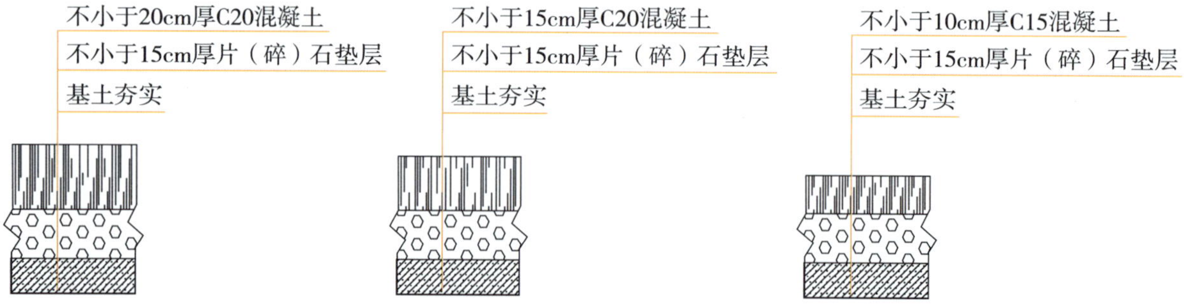

a)拌和站的大型作业区、重车行车道路硬化　b)拌和站的一般行车道路硬化　c)拌和站其他场地硬化

图8.2.2-2　拌和站场地硬化

（6）拌和站堆料场建设过程中应注意以下几方面：

①砂石料堆存区的分隔墙应稳固，宜采用不小于30cm厚的混凝土或厚度不小于60cm的浆砌片石。

②料仓容量应满足最大单批次连续施工的需要，并留有一定的余地，同时还应满足运输车辆和装载机等安全作业要求。

③水泥混凝土、路面面层储料场应加设轻型钢结构顶棚，顶棚须经相应资质的设计单位设计后方可施工，顶棚起拱线高度不小于7m，顶棚雨水采用PVC-U管集中排至四周的排水沟，两端的储料仓外侧面与端面设置封闭围挡，防止雨水在风力作用下进入料仓。

（7）拌和站在建设前应充分考虑对周边环境的影响，注意以下几方面：

①根据场地条件合理设置废水沉淀池和洗轮池，布设排水系统，沉淀池的四周应采

用金属隔离栅封闭，树立安全警示标识牌，无关人员不得进入沉淀池，如图8.2.2-3所示。

②作业平台、储料仓、集料仓、水泥罐等涉及人身安全的部位均应设置安全防护装置。传动系统裸露的部位应设有防护装置和安全检修保护装置。

图8.2.2-3　沉淀池

③每次混凝土拌和作业完成后，应及时清洗机具，清理现场，做到工完场清。

④施工机械设备产生的废水、废油及生活污水不得直接排入河流、湖泊或其他水域中，也不得排入饮用水附近的土地中。

⑤水泥、粉煤灰等材料进料时，应注意材料罐顶的密封性能；当粉尘较大时，应暂时停止上料，待处理完后方可继续。

⑥拌和站宜按全封闭设置，减少或防止灰尘污染空气。

⑦拌和站的各罐体宜连接成整体，安装缆风绳和避雷设施。

⑧临近居民区施工产生的噪声不应大于现行《建筑施工场界环境噪声排放标准》（GB 12523）的规定，否则应进行监控。

（8）沥青拌和站还应满足以下要求：

①作业前，热料提升斗、搅拌器及各种秤斗内不得有存料。

②配有湿式除尘系统的拌和设备其除尘系统的水泵应完好，以保证喷水量稳定且不中断。

③卸料斗处于地下底坑时，应防止坑内积水淹没电气元件。

④拌和机启动、停机，必须按规定程序进行。点火失效时，及时关闭喷燃油门，待充分通风后再行点火。需要调整点火时，必须先切断高压电源。

⑤液化器点火时，应有减压阀及压力表。燃烧器点燃后，应关闭总阀门。

⑥连续式拌和设备的燃烧器熄火时，应立即停止喷射沥青；当烘干拌和筒着火时，应立即关闭燃烧器鼓风机及排风机，停止供给沥青，再投入含水率高的细集料。

⑦烘干拌和筒，并在外部卸料口用干粉或泡沫灭火器进行灭火。关机后清除皮带上、各供料斗及除尘装置内外的残余积物，清洗沥青管道。

⑧料仓内保温、通风措施得当。避免生火取暖加温造成废气集中，防止一氧化碳中毒。

⑨拌和楼内不得采用碘钨灯照明，不得用电热管等设施取暖，严防火灾。

8.2.3　钢筋加工场

（1）钢筋加工场应合理选择设置地点，集中布置，封闭管理，材料堆放区、成品区、作业区应分开或隔离，如图8.2.3-1所示。

（2）钢筋加工场架构宜采用钢结构搭设，顶棚应采用固定式拱形防雨棚，高度应满足设备操作空间（起拱线高度不小于7m），并设置避雷及防风的保护措施。

（3）严禁使用非起重设备或自行组装的门吊进行吊装作业。

（4）金属加工机械（如卷扬机等）的工作台应稳固可靠，防止受力倾斜（图8.2.3-2~图8.2.3-4）。

图8.2.3-1　钢筋加工场

图8.2.3-2　数控钢筋弯箍机

图8.2.3-3　数控钢筋弯曲机

图8.2.3-4　镦粗机和绞丝机

（5）根据加工量大小，可将加工场地分为大、中、小三种规模，加工场地面积应符合表8.2.3的规定。钢筋加工场的原材料堆放区、半成品堆放区应满足材料的堆放要求。图8.2.3-5和图8.2.3-6分别为钢筋加工棚的场地硬化和钢筋加工场的道路硬化。

表8.2.3　加工场地规模及面积

规　　模	加工总量（t）	加工场地面积（m^2）
大	＞10 000	≥3 500
中	6 000 ~ 10 000	≥2 000
小	3 000 ~ 6 000	≥1 500

（6）原材料及成品、半成品的堆放

①钢筋应垫高堆放，离地面20cm以上，下部支点应以保证堆放的钢筋不变形为原则。

②钢绞线的存放应保持干燥，防止被雨水淋湿。

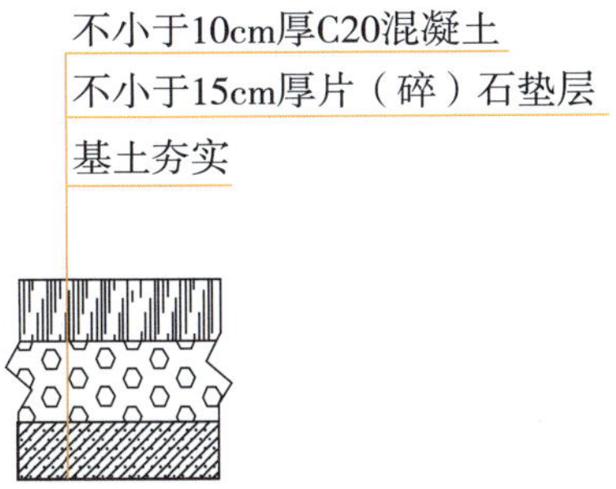

图8.2.3-5　钢筋加工棚的场地硬化

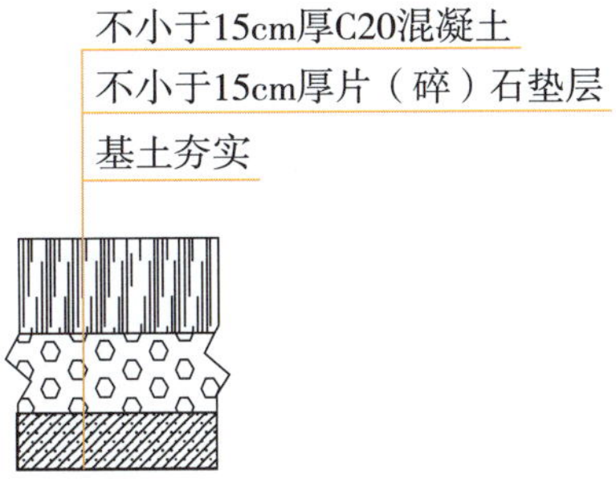

图8.2.3-6　钢筋加工场的道路硬化

8.2.4　预制场

（1）混凝土构件预制场宜采用封闭式管理，场地内宜按办公区、生活区、制梁区、存梁区、构件加工区域、废料处理区等科学合理设置，预制场宜设置视频监控系统（图8.2.4-1）。生活区应与其他区隔开，生活区应参考项目部生活区建设。

图8.2.4-1　T梁预制场

（2）预制场周边存在边坡时，应提前进行安全防护，设置排水设施。

（3）预制场设置在填方路堤或线外填方场地时，为防止产生不均匀沉降变形而影响预制的质量，应对场地分层碾压密实并强夯，并对台座基础进行加固，尤其台座两端用C20以上的片石混凝土扩大基础进行加固，以满足梁板张拉起拱后基础两端的承载力要求。

（4）台座上应设置沉降观测点进行持续监控，并建立观测数据档案。定期对台座进行检查，分析台座沉降情况，发现异常应及时处理。

（5）存梁区的枕梁应视地基承载力情况适当配筋，台座尺寸应满足使用要求。用于存梁的枕梁应设在离梁两端面各50～80cm处，且不影响梁片吊装，支垫材质应采用满足承载力要求的非刚性材料。

（6）梁片最多存放层数应符合设计文件和相关技术规范要求。设计文件无规定时，空心板叠层不得超过3层，小箱梁和T梁叠层不得超过2层。预制梁存放时（特别是叠层存放），应采取支撑等措施，确保安全稳定。

（7）张拉作业中应设置可移动式钢板防护设施。

（8）预制场宜按照工厂化生产方式布设，道路和排水畅通，场地四周用砖砌围墙（或通透式围栏）。占地面积宜满足表8.2.4要求。

预制场的一般行车道路及所有场地硬化分别如图8.2.4-2和图8.2.4-3所示。

表 8.2.4　预制场场地建设面积

类　别	面　积（m^2）	备　注
A	8 000	主要工程为桥梁的合同段
B	6 000	一般土建合同段
C	4 000	主要工程为隧道的合同段

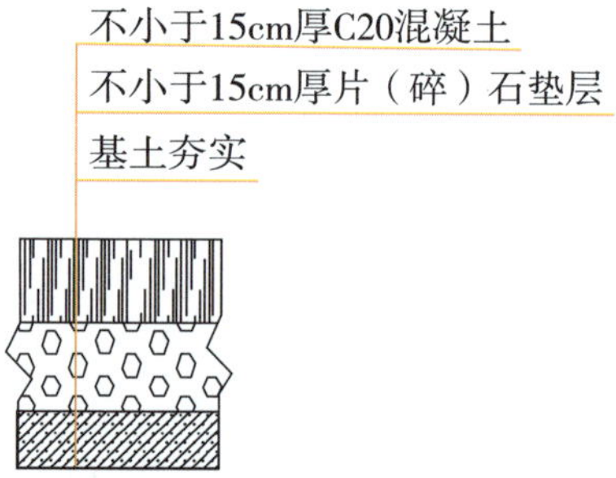

图8.2.4-2　预制场的一般行车道路硬化

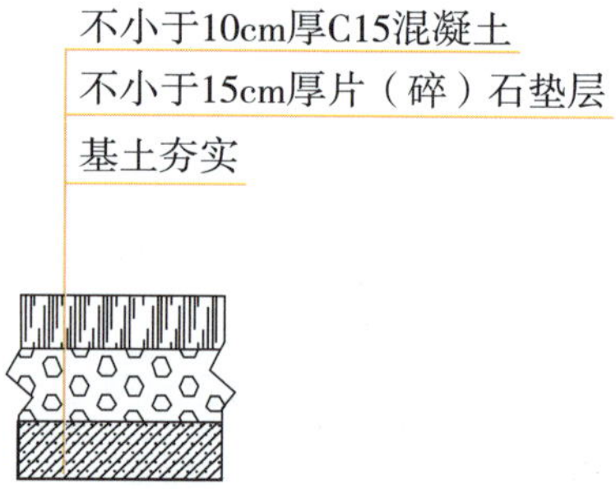

图8.2.4-3　预制场的所有场地硬化

8.2.5　施工便道

（1）施工现场道路应保证畅通，并与现场的存放场、仓库、施工设备等位置相协调，以满足施工车辆的行车速度、密度、载质量等要求。

图8.2.5-1　施工便道

（2）便道、便桥宜利用永久性道路和桥梁。桥梁施工便道宜建在永久用地范围内。

（3）施工便道应尽量避免与既有铁路、公路平面交叉。便道干线不宜占用路基，特殊地段短期占用路基时，应明确临时过渡性措施，尽量缓解干扰。

（4）施工便道应做好临边防护，设置明显的警示标志，在急弯或特殊路段应提前增设相关标志，并合理限速，如图8.2.5-1所示。

（5）根据地形条件确定平纵线形及路基断面宽度。便道最大纵坡不宜大于9%，山岭重丘区可适当调整。挖方和低填路段纵坡不小于0.3%，便道坡率不小于1：0.5。单车道宽度不小于3.5m，路基宽不小于4.5m，原则上每100m范围内应设置一条长20m、路面宽度不小于5.5m的错车道。

（6）便道土质路基地段基层为不小于20cm厚的片（碎）石垫层，其面层为5cm的泥结碎石面层。挖方石质地段路基表面应铺泥结碎石找平。在软土或水田地带，基底抛填片石或用三七灰土换填处理并做必要的防护。各场（站、区）、重点工程施工等大型作业区，进出场的便道200m范围应进行硬化，如图8.2.5-2所示。

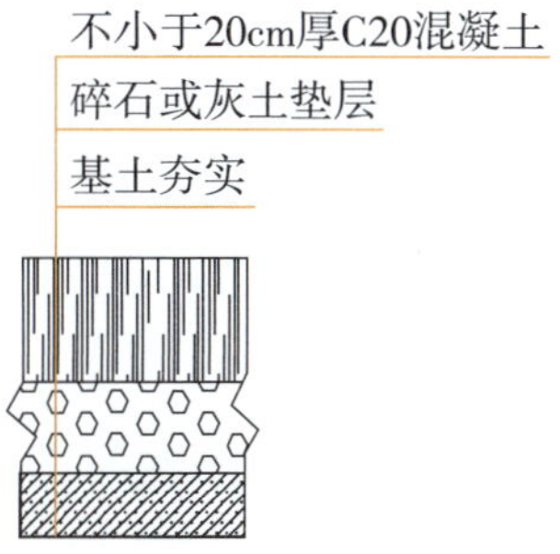

图8.2.5-2　施工便道硬化

（7）便道经过水沟地段，应埋置钢筋混凝土涵管或设置过水路面，做到排水畅通，如图8.2.5-3所示。

（8）施工便道应设排水沟，沟底宽度和深度不小于30cm，以确保排水畅通。

（9）便道路面应保持道路路况完好，确保行车安全。

（10）便桥应委托有相应资质的单位，根据现场地形、地貌、河床变化及通航要求进行专项设计。有通航要求的便桥设计还应取得地方或上级有关部门的许可，充分考虑船舶防碰撞的措施。

（11）便桥高度应按照15年一遇的洪水频率来确定；海上施工的便桥高度应根据10~20年一遇波浪要素值与潮汐特征值确定。施工便桥防护如图8.2.5-4所示。

图8.2.5-3　钢筋混凝土圆管

图8.2.5-4　施工便桥防护

（12）人车混行的便桥宽度不应小于4.5m，若便桥长度超过1km，应适当增加宽度。

（13）桥头应设置限高、限重、限速标牌；应在两侧护栏的适当位置布置一定数量的照明灯具和设置醒目的警示反光标志；水上便桥护栏应每50m布置一个救生圈；通航施工区域应按照相关部门批复的要求设置防撞墩等措施。

（14）便桥应执行“设计—审批—制作—安装—验收—投入使用”的程序；便桥应定期养护。

（15）临时码头位置应选在河流两岸比较开阔、河床比较稳定、水流顺直、地质较好的河段。两岸引道应保持坚固稳定。

（16）临时码头应按使用要求和相应技术规范进行设计。设计方案经过审批后再施工，并设置安全警示标志和配备相应的安全防护设施。

（17）渡船、拖轮应配有安全设施，按规定核定其载质量、车数、人数，严禁超载、超高、超宽。遇有上下船舶通过时，不得横越抢渡。

（18）码头附属设备，如跳板、支撑、船环、柱桩等，应牢固可靠。

（19）搭设的栈桥必须坚固可靠，两侧人行道、轨道中间应铺满木板。栈桥临水端应设置靠船的靠帮和系缆设施。通过栈桥的电线、电缆应绝缘良好，并固定在栈桥的一侧。

（20）栈桥码头应有抗洪水、流冰及其他漂浮物的能力，定期对各种设施进行检查维修。

8.2.6　民用爆炸物品库房

（1）施工单位进行爆破作业以及民用爆炸物品管理等活动，应严格遵守《民用爆炸物品安全管理条例》和现行《爆破安全规程》（GB 6722）相关规定。

（2）民用爆炸物品库经公安机关检查验收合格后，方可投入使用。

（3）民用爆炸物品库房选点定位要合理，应设在不受山洪、滑坡和危石威胁的地方；库容应满足施工需要，储存条件应符合民用爆炸物品储存要求。

（4）仓库四周砖石砌筑围墙，其高度不小于2m，围墙到最近库房距离不小于5m，库区内必须保持清洁，无杂草，无易燃物，严禁吸烟、用火以及将火种和汽油、煤油等其他易燃、易爆物品带入库区。库区应设置明显的警戒标志和“严禁烟火”标志，如图8.2.6-1所示。

图 8.2.6-1　爆破库房

（5）库房内不应安装灯具，宜采用自然采光，也可在库外或围墙外安设探照灯进行投射照明，灯具距库房距离不小于3m。采用移动式照明时，应使用防爆手电筒或手提式防爆应急灯，不得使用需由电网供电的移动手提灯。

（6）库区的消防设备、通信设备和防雷装置，应定期检查检验。

（7）库区内必须设防盗报警及可视装置，并保持24小时正常运行，如图8.2.6-2所示。

（8）库存量不得超过公安机关批准的容量。炸药的码放，应设立宽度0.8m以上的检查通道和宽度不小于1.2m的装运通道，且高度不应超过1.6m。民爆物品包装箱与墙距离应大于0.4m；包装箱下应垫有高度大于0.1m的垫木；放置雷管时应铺设胶质皮垫。

图 8.2.6-2　爆破库房值班室

8.2.7　消防设施

（1）施工驻地、施工现场等应按照有关规定，配备相应的消防安全标识和消防安全器材，并经常进行检查、维护、保养。

（2）施工现场内应设置临时消防车通道，临时消防车通道与在建工程、临时用房、可燃材料堆场及其加工场的距离，不宜小于5m，且不宜大于40m；当施工现场周边道路满足消防车通行及灭火救援要求时，施工现场内可不设置临时消防车通道。

（3）施工现场临时办公、生活、生产、物料存储等功能区宜相对独立布置。易燃易爆危险品库房与在建工程的防火间距不应小于15m，可燃材料堆场及其加工场、固定动火作业场与在建工程的防火间距不应小于10m，其他临时用房、临时设施与在建工程的防火间距不应小于6m。

（4）固定动火作业场应布置在可燃材料堆场及其加工场、易燃易爆危险品库房等全年最大频率风向的下风侧；宜布置在临时办公用房、宿舍、可燃材料库房、在建工程等全年最大频率风向的下风侧。

（5）易燃易爆危险品库房应远离明火作业区、人员密集区和建筑物相对集中区。

（6）可燃材料堆场及其加工场、易燃易爆危险品库房不应布置在架空电力线下。

（7）宿舍内严禁烧火做饭，违章搭接电源，现场严禁焚烧垃圾。

（8）临时设施办公和生活区等区域灭火器数量每100m^{2}应不少于2具；可燃材料存放、加工和使用区域灭火器每75m^{2}应不少于2具；动火作业区域、易燃易爆危险品存放和使用场所等重点防火部位的灭火器数量每50m^{2}应不少于3具。

（9）消防器材应有专人管理，存放整齐，挂设醒目标志，并进行定期巡查和养护，及时发现并更换过期的灭火器材。

（10）施工单位应成立防火领导小组和义务消防队，定期开展防火安全检查，发现火灾隐患必须立即消除。发生火灾后，应立即组织抢救，并及时报警。此外，施工单位应定期组织消防培训和演练。

（11）隧道内堆放防水板、土工布区域，二次衬砌台车及掌子面等作业点，办公场所、钢筋加工场、预制场、拌和站等重点区域，严禁吸烟，有条件时可设置吸烟室。

9 标志标牌

9.1 一般规定

（1）施工现场出入口、施工起重机械等设备出入通道口和沿线交叉口应设置安全标志，安全标志包括禁止标志、警告标志 、指令标志和提示标志。其使用按照现行《安全标志及其使用导则》（GB 2894）规定执行，见附录C。

（2）标牌用于工程驻地、施工现场明示相关信息，主要包括工程概况牌、质量安全目标牌 、管理人员名单及监督电话牌、安全文明施工牌、重大风险源告知牌、施工现场布置图等。

（3）标志应采用坚固耐用的材料制作。有触电危险的场所应使用绝缘材料。边缘和尖角应适当倒棱，呈圆滑状，带有毛边处应打磨光滑。

（4）标志的设置位置应合理、醒目，能使观察者引起注意、迅速判读、有必要的反应时间或操作距离。主要机具、设备及施工工序操作规程牌，应设置在操作室或操作区域。

（5）标志不应设在门、窗、架等可移动的物体上。标志前不得放置妨碍认读的障碍物。

（6）经常检查标志的状态，保持清洁醒目、完整无损。如发现有破损、变形、褪色等不符合要求时，应及时修整或更换。

（7）根据工程特点和不同的施工阶段，现场安全标志标牌要及时准确地增补、删减或变动，实施动态管理。

9.2 标牌

9.2.1 工程概况牌

工程概况牌应标明工程名称、工程范围、建设单位、设计单位、质量安全监督单位、监理单位、施工单位等内容。

9.2.2 质量安全目标牌

质量安全目标牌应标明施工合同段的安全目标、考核指标、质量目标、分项工程一次验收合格率、创奖（杯）等内容。

9.2.3 管理人员名单及监督电话牌

管理人员名单及监督电话牌应对项目经理、技术负责人、安全负责人、工点相关负责人员、总监、监理工程师、现场监理员姓名及监督电话等进行公示。

9.2.4 安全文明施工牌

安全文明施工牌应将安全生产管理制度、文明生产管理制度相关内容在现场告知；必要时可将“三宝”、“四口”、“五临边”的相关安全标示牌一起宣传告知。

9.2.5 重大风险源告知牌

（1）重大风险源告知牌应明确风险位置、风险源特征、风险防范措施、现场监督负责人及电话号码等内容。

（2）施工单位负责及时填写更新重大风险源告知内容、监理单位负责监督。

9.2.6 施工现场布置图

施工现场布置图应对施工现场的布置采用图示方式表达，注明位置、面积、功能。

9.3 标牌设置

施工单位项目部驻地、工区驻地、隧道洞口、大型桥梁、互通立交、港口施工区、预制场、拌和场、钢筋加工场等集中作业区域应设置工程概况牌、质量安全目标牌、管理人员名单及监督电话牌、安全文明施工牌、重大风险源告知牌和施工现场布置图等，见表9.3。

表9.3 标牌设置原则

序号	场所/专项工程	设置部位	标志名称
1	项目部驻地	醒目位置	工程概况牌 质量安全目标牌 管理人员名单及监督电话牌 安全文明施工牌 重大风险源告知牌 施工现场布置图
2	工区驻地	醒目位置	工程概况牌 质量安全目标牌 管理人员名单及监督电话牌 安全文明施工牌 重大风险源告知牌 施工现场布置图

续上表

序　　号	场所/专项工程	设置部位	标志名称
3	拌和场	工地出入口的醒目位置	工程概况牌 质量安全目标牌 管理人员名单及监督电话牌 安全文明施工牌
4	钢筋加工场	工地出入口的醒目位置	工程概况牌 质量安全目标牌 管理人员名单及监督电话牌 安全文明施工牌
5	预制场	工地出入口的醒目位置	工程概况牌 质量安全目标牌 管理人员名单及监督电话牌 安全文明施工牌
6	大型桥梁	桥头的醒目位置	工程概况牌 质量安全目标牌 管理人员名单及监督电话牌 安全文明施工牌 重大风险源告知牌 施工现场布置图
7	互通立交	互通区的醒目位置	工程概况牌 质量安全目标牌 管理人员名单及监督电话牌 安全文明施工牌 重大风险源告知牌 施工现场布置图
8	隧道洞口	洞口的醒目位置	工程概况牌 质量安全目标牌 管理人员名单及监督电话牌 安全文明施工牌 重大风险源告知牌 施工现场布置图
9	港口施工区	进场的醒目位置	工程概况牌 质量安全目标牌 管理人员名单及监督电话牌 安全文明施工牌 重大风险源告知牌 施工现场布置图

10 临时用电

10.1 一般规定

（1）施工现场临时用电工程专用的电源中性点直接接地的220/380V三相四线制低压电力系统，必须符合下列规定：

①采用三级配电系统；

②采用TN–S接零保护系统；

③采用二级漏电保护系统。

（2）临时用电组织设计及变更，必须履行“编制、审核、批准”的程序；施工现场临时用电方案编制人员应具备电气工程师资格，方案经相关部门审核及施工单位技术负责人批准，报监理单位审查通过后实施。

（3）临时用电工程必须经编制、审核、批准部门和使用单位共同验收，合格后方可投入使用。

（4）安装、巡检、维修或拆除临时用电设备和线路必须由电工完成，并应有人监护。

10.2 用电管理

10.2.1 临时用电组织设计方案

施工现场临时用电设备在5台及以上或设备总容量在50kW及以上者，应编制用电组织设计方案。施工现场临时用电组织设计方案应包括下列内容：

（1）现场勘测。

（2）确定电源进线、变电所或配电室、配电装置、用电设备位置及线路走向。

（3）负荷计算。

（4）变压器的选择。

（5）设计配电系统：

①设计配电线路，选择导线或电缆；

②设计配电装置，选择电器；

③设计接地装置；

④绘制临时用电工程图纸，主要包括用电工程总平面图、配电装置布置图、配电系统接线图、接地装置设计图。

（6）设计防雷装置。

（7）防护措施。

（8）安全用电措施和电气防火措施。

临时用电工程图纸应单独绘制，临时用电工程应按图施工。

10.2.2 电工

（1）电工须经技术资格考核合格后，并持有效操作证方可上岗工作，并按规定及时办理延期复审；其他用电人员必须通过相关安全教育培训和技术交底，考核合格后方可上岗工作。

（2）施工现场不同工程部位电工的配备数量宜满足表10.2.2的要求。

表10.2.2 电工的配备数量表

工程部位	电工配备人数	工程部位	电工配备人数
拌和场、钢筋加工场及预制场作业区	≥1	长隧道、特长隧道作业区	≥2
大桥、特大桥梁作业区	≥1	水工码头作业区	≥2

（3）施工现场临时用电必须建立安全技术档案，并由主管现场的电气技术人负责管理。

（4）临时用电工程应定期检查，定期检测绝缘电阻和接地电阻，对安全隐患必须及时处理，并应履行复查验收手续。

10.3 配电系统

（1）配电系统应设置总配电箱、分配电箱、开关箱，实行三级配电，临时用电配电系统如图10.3所示。

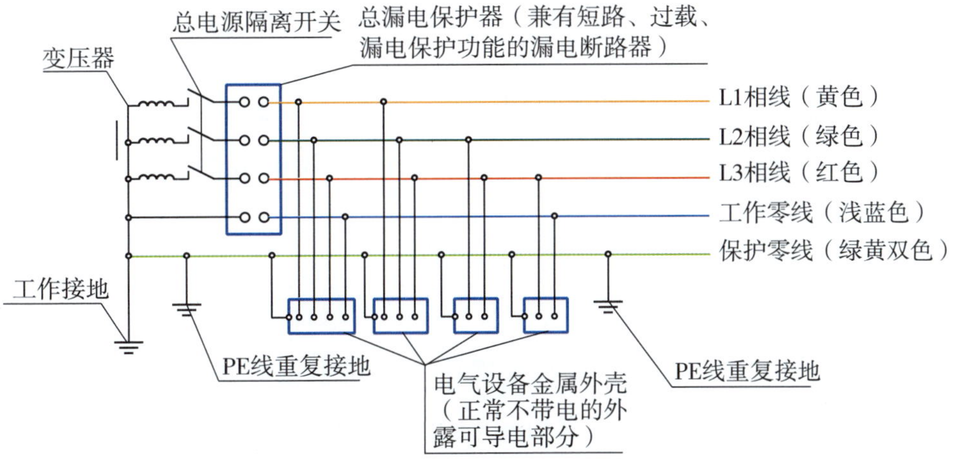

图10.3 临时用电配电系统

（2）总配电箱应设在靠近电源的区域，分配电箱应设在用电设备或负荷相对集中区域。

（3）动力开关箱与照明开关箱必须分设，每台用电设备必须有各自的专用开关箱，开关箱必须做到“一机、一箱、一闸、一漏”，有门、有锁和防雨、防尘。

（4）配电箱、开关箱的电源进线端严禁采用插头和插座做活动连接。

（5）配电箱、开关箱应装设端正、牢固。固定式配电箱、开关箱的中心点与地面的垂直距离应为1.4~1.6m。移动式配电箱、开关箱应装设在坚固、稳定的支架上，其中心点与地面的垂直距离宜为0.8~1.6m。

（6）配电箱、开关箱应有名称、用途、分路标记及系统接线图。配电箱、开关箱应装设在干燥、通风及常温场所；装设应端正、牢固；周围不得堆放任何妨碍操作、维修的物品，应能满足2人同时工作的空间和通道。

（7）配电箱、开关箱定期维修、检查时，必须将其前一级相应的电源隔离开关分闸断电，并悬挂“禁止合闸、有人工作”停电标志牌，严禁带电作业。

（8）施工现场的总配电箱和开关箱至少设置两级漏电保护器，漏电保护器的选择应符合现行《剩余电流动作保护器的一般要求》（GB/Z 6829）和《剩余电流动作保护装置安装和运行》（GB 13955）的要求，总配电箱内漏电保护器应安装在配电箱电源隔离开关的负荷侧，开关箱的漏电保护器应装设在电源隔离开关的负荷侧。

（9）总配电箱内漏电保护器的额定漏电动作电流大于30mA，额定漏电动作时间应大于0.1s，但其乘积不大于30mA·s。配电箱内电器、规格参数与设备容量相匹配，按规定位置紧固在电器安装板上，熔断器具有可靠灭弧分段功能。

（10）开关箱内漏电保护器的额定漏电动作电流不应大于30mA，额定漏电动作时间不应大于0.1s，潮湿、腐蚀环境下额定漏电动作电流不应大于15mA。电箱安置应适当，周围无杂物，标注电工联系电话、检查记录。

10.4 变配电装置

（1）配电室应靠近电源，宜设在灰尘少、潮气少、振动小、无腐蚀介质，无易燃、易爆物及道路畅通的地方。配电室宜自然通风，并采取防止雨雪侵入和动物进入的措施。

（2）配电室的建筑物和构筑物的耐火等级不低于3级，室内应配置砂箱和可用于扑灭电气火灾的灭火器。配电室门向外开并配锁。配电室的照明分别设置工作照明和事故照明。配电室应保持整洁，不得堆放任何妨碍操作、维护的杂物。

（3）配电柜应装设电源隔离开关及短路、过载、漏电保护电器。

10.5 配电线路

10.5.1 内电线保护

1）架空线路

（1）架空线必须采用绝缘导线或电缆线，并架设在专用电杆上，线杆宜采用混凝土杆或木杆，其长度不小于8m。电杆埋设不得有倾斜、下沉及杆基积水现象，埋设深度为杆长的1/10+0.6m，装设变压器的电杆的埋深不小于2m。

（2）直线杆架空线路采用针式绝缘子，耐张杆架空线路采用蝶式绝缘子，电线与横担的距离不少于50mm。架空线路绑线材质与导线相同，直径不小于2mm，绑扎长度不小于150mm。

（3）拉线宜采用不少于3根D4.0mm的镀锌钢丝，拉线电杆的夹角应在30°~45°，拉线埋设深度不得小于1m，拉线从导线之间穿过时，在高于地面2.5m处装设拉线绝缘子。因受地形环境限制不能装设拉线时，可采用撑杆代替拉线，撑杆埋深不得小于0.8m，其底部应垫底盘或石块，撑杆与主杆的夹角为30°。

（4）架空线导线截面的选择应满足下列要求：导线中的负荷电流不大于其长期连续负荷允许载流量；线路末端电压偏移不大于额定电压的5%；单相线路的零线截面与相线截面相同，为满足机械强度要求，绝缘铝线截面面积不小于16mm^2，绝缘铜线截面面积不小于10mm^2；跨越铁路、公路、河流、电力线路档距内的架空绝缘铝线最小截面面积不小于25mm^2，绝缘铜线截面面积不小于16mm^2。

（5）在一个档距内每一层架空线的接头数不得超过该层导线数的50%，且一根导线只允许有一个接头。线路在跨越铁路、公路、河流、电力线路档距内不得有接头。导线接头采用压接或焊接，接头长度为导线直径的7~15倍。线路安装时，先安装用电设备侧，再安装电源侧；拆除时则反之。

（6）架空线路的档距不得大于35m，线间距不得小于0.3m，靠近电杆的两导线的间距不得小于0.5m。

（7）架空线路与邻近线路或设施的距离应符合表10.5.1规定的要求。

2）电缆线路

（1）三相五线制配电电缆线路须采用五芯线缆，五芯线缆中包含淡蓝、绿/黄两种颜色绝缘芯线，淡蓝色芯线须用作N线，绿/黄双色芯线须用作PE线，严禁混用。

（2）电缆线路应采用埋地或架空敷设，严禁沿地面明设。

（3）电缆直接埋地敷设的深度不应小于0.7m，在电缆周边均匀敷设不少于50mm厚的细砂，并覆盖砖或混凝土板等硬质保护层，保护层应超过电缆两侧各50mm。埋地电缆在穿越建筑物、构筑物、道路、易受机械损伤、介质腐蚀场所及引出地面，从2.0m高到地下0.2m处，应加设防护套管，防护套管内径不应小于电缆外径的1.5倍。在拐弯、接头、终端和进出建筑物等地段，应装设明显的方位标志，直线段上适当增设标桩，桩需露出地面150mm。

（4）架空电缆应沿电杆、支架或墙壁敷设，并采用绝缘卡固定，绑扎线须采用绝缘线，固定点间距应保证电缆能承受自重带来的荷载。橡皮电缆的最大弧垂距地面不得小于2.0m。

表10.5.1　架空线路与邻近线路或设施的距离

<table>
<tr><th>项　目</th><th colspan="7">邻近线路或设施类别</th></tr>
<tr><td rowspan="2">最小净空距离（m）</td><td colspan="2">过引线、接下线与邻线</td><td colspan="3">架空线与拉线电杆外缘</td><td colspan="2">树梢摆动最大时</td></tr>
<tr><td colspan="2">0.13</td><td colspan="3">0.05</td><td colspan="2">0.5</td></tr>
<tr><td rowspan="3">最小垂直距离（m）</td><td rowspan="2">同杆架设下方的广播、通信线路</td><td colspan="3">最大弧垂与地面</td><td rowspan="2">最大弧垂与建设工程顶端</td><td colspan="2">与邻近线路交叉</td></tr>
<tr><td>施工现场</td><td>机动车道</td><td>铁路轨道</td><td>1kV以下</td><td>1～10kV</td></tr>
<tr><td>1.0</td><td>4.0</td><td>6.0</td><td>7.5</td><td>2.5</td><td>1.2</td><td>2.5</td></tr>
<tr><td rowspan="2">最小水平距离（m）</td><td colspan="2">电杆至路基边缘</td><td colspan="3">电杆至铁路轨道边缘</td><td colspan="2">边线与建筑物凸出部分</td></tr>
<tr><td colspan="2">1.0</td><td colspan="3">杆高（m）+3.0</td><td colspan="2">1.0</td></tr>
</table>

3）室内配线

（1）进户线的室外端应采用绝缘子固定，过墙应穿管保护，距地面不得小于2.5m，并采取防雨措施。

（2）室内必须采用绝缘铜导线、塑料夹等敷设，距地面的高度不得小于2.5m，应尽量减少接头，管内、槽板内不得有接头，接头应放在接线或分线盒内，线路交叉或与管道交叉时，每根导线应穿绝缘管进行防护。

（3）室内配线所用导线截面，应根据用电设备的计算负荷确定，但铜线截面面积不小于1.5mm^2。

（4）室外灯具距地面不小于3m，室内灯具距地面不小于2.5m，插座接线时应符合相关规范要求。

（5）各种用电设备、灯具的相线应经开关控制，不得将相线直接引入灯具。

10.5.2　外电线路防护

（1）不得在外电架空线路正下方搭设临时用房、堆放材料和机具等。

（2）起重机严禁越过无防护设施的外电架空线路作业，上、下脚手架的斜道不宜设在高压线路的一侧。在建工程（含脚手架）周边与外电架空线路边线之间、施工现场的机动车道与架空线路交叉时、起重机与架空线路边线之间、防护设施与外电线路之间的最小安全距离必须符合相关规范要求，如图10.5.2所示。

（3）现场开挖沟槽的边缘与埋地外电缆沟槽边缘之间的距离不得小于0.5m。

（4）达不到所规定的安全距离时，必须采取绝缘隔离防护措施，防护设施顶面必须采用木、竹或其他绝缘材料搭设，宽度应超过架空线路两侧各0.75m左右，长度应超过横跨道路两侧各1m，并悬挂昼夜醒目的“高压危险”警告标志。

（5）防护设施与外电线路的安全距离无法实现时，必须与电力等部门协商，采取停电、迁移外电线路或改变工程位置等措施。

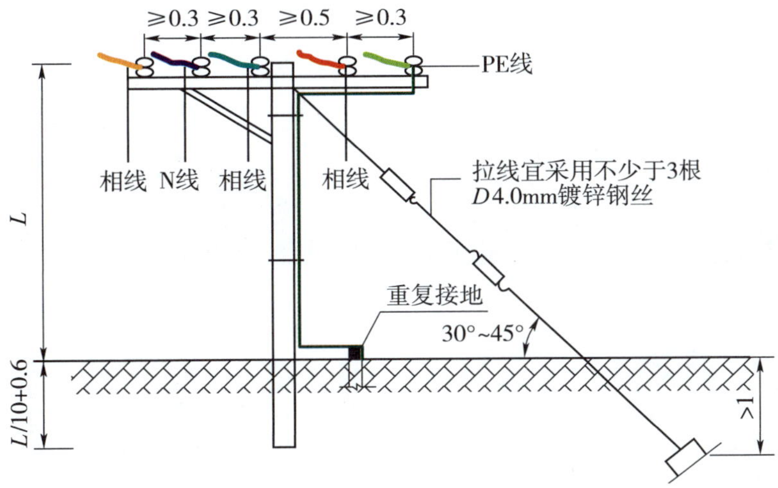

图10.5.2　配电线路图（尺寸单位：m）

10.6　用电防护

10.6.1　一般作业场所临时用电防护

（1）一般作业场所的配线线路，三级开关箱与施工机具之间应使用电缆线，不使用护套线。

（2）电缆沿作业场所悬挂敷设时应用绝缘子固定，严禁使用金属裸线做绑扎；电缆的接头应牢固可靠，绝缘包扎后的接头不能降低原来的绝缘强度，并不得承受张力。

（3）电缆拖地敷设时宜采用套PVC管等保护措施。

10.6.2　桥梁临时用电防护

（1）高墩施工时，电缆用三角架悬挑瓷瓶架设在结构物或脚手架上。瓷瓶应绝缘，间距不宜超过15m，如图10.6.2-1所示。

（2）桥面施工时，电缆宜采用PVC等材质套管保护（图10.6.2-2）；布设的电缆应避免受到车辆通行、钢筋加工等影响；在施工区域内不大于60m距离设置1个二级分配箱（图10.6.2-3）。

（3）栈桥电缆宜采用支架或瓷瓶悬挑，设置在护栏外侧（图10.6.2-4）。栈桥的施工临时用电，末端开关箱到施工机械之间使用电缆，禁止使用护套线。在施工区域内不大于60m距离设置1个二级分配箱。

图10.6.2-1　高墩电缆布设图

图10.6.2-2　桥面电缆保护

图10.6.2-3　桥面施工临时用电

图10.6.2-4　栈桥施工临时用电

10.6.3　隧道临时用电防护

（1）短隧道宜采用高压至洞口，再低压进洞，长隧道及特长隧道可考虑高压进洞，以满足施工需要。

（2）隧道施工供电应采用三相五线供电系统；动力设备应采用三相380V；照明电压一般作业地段不应大于36V，成洞段和不作业地段可采用220V，瓦斯地段不超过110V，手提作业灯为12～24V，特别潮湿、导电良好的地面及金属容器内照明电压不得大于12V。高压分线部位应设明显危险警告标志；所有配电箱和开关应全部进行责任人和用途标识。

（3）供电线路架设一般要求高压线和低压线、动力线和照明线分开，根据“高压在上、低压在下，干线在上、支线在下，动力线在上、照明线在下”的原则布设。照明和动力线路安装在同一侧时，必须分层架设。隧道内电缆布设采用瓷瓶在二衬上悬挑，瓷瓶间距15m。电缆悬挂高度满足：110V以下电线离地面距离不小于2m；动力线380V时离地面距离大于等于2.5m；高压电缆6～10kV时离地面距离大于等于3.5m。

（4）施工期间“三管两线”应架设、安装顺直、整齐，如图10.6.3所示。

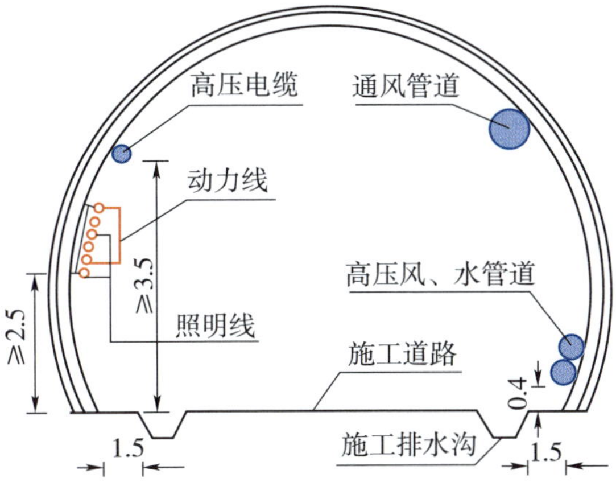

图 10.6.3　隧道施工临时用电（尺寸单位：m）

（5）洞外变电站设置防雷击和防风装置，且宜设在靠近负荷集中地点和设在电源来线一侧；当变电站电源线需跨越施工地区时，其最低点距人行道和运输线路的最小高度满足：电压35kV时，为7.5m，电压6～10kV时，为6.5m，电压400V时，为6m。

（6）隧道内台架、衬砌台车安装行灯变压器，使用不高于36V安全电压作为照明，电源设置红色警示灯提醒过往行走机械。开挖台架及衬砌台车在行走时必须由专人指挥、专人收放电缆，防止电缆被压断和强制拉断而引起安全事故。隧道内架设电缆、电线要求平顺，接头不外露，若在漏水处须设置遮防水措施。

（7）成洞地段固定的电线路，应采用绝缘良好的胶皮线架设；施工地段的临时电线路应采用橡套电缆；瓦斯地段的输电线必须使用密封电缆，不得使用皮线；涌水隧道的电动排水设备应采用双回路输电，并有可靠的切换装置；动力干线上每一分支线，必须装设开关及保险装置；严禁在动力线路上加挂照明设施。

10.6.4　防雷

（1）在土壤电阻率低于200Ω·m区域的电杆可不另设防雷接地装置，但在配电室的架空进线或出线处应将绝缘子铁脚与配电室的接地装置相连接。

（2）施工现场内的起重机、井字架、龙门架等机械设备，以及钢脚手架和正在施工的在建工程等的金属结构，当在相邻建筑物、构筑物等设施的防雷装置接闪器的保护范围以外时，应按表10.6.4规定安装防雷装置。

表10.6.4　施工现场内机械设备及高架设施需安装防雷装置的规定

地区年平均雷暴日（d）	机械设备高度（m）	地区年平均雷暴日（d）	机械设备高度（m）
≤15	≥50	≥40及<90	≥ 20
>15及<40	≥32	≥90及雷害特别严重地区	≥ 12

（3）当最高机械设备上避雷针（接闪器）的保护范围能覆盖其他设备，且又最后退出现场，则其他设备可不设防雷装置。

（4）机械设备或设施的防雷引下线可利用该设备或设施的金属结构体，但应保证电气连接。

（5）机械设备上的避雷针（接闪器）长度应为1～2m。塔式起重机可不另设避雷针（接闪器）。

（6）装有避雷针（接闪器）的机械设备，所有固定的动力、控制、照明、信号及通信线路，宜采用钢管敷设。钢管与该机械设备的金属结构体应做电气连接。

（7）施工现场内所有防雷装置的冲击接地电阻值不得大于30Ω。

（8）防雷接地机械上的电气设备，所连接的PE线必须同时做重复接地，同一台机械电气设备的重复接地和机械的防雷接地可共用同一接地体，但接地电阻应符合重复接地电阻值的要求。

10.6.5 自备发电机组发电

（1）发电机组及其控制、配电、修理室等可分开设置；在保证电气安全距离和满足防火要求情况下可合并设置。

（2）发电机组的排烟管道必须伸出室外。发电机组及其控制、配电室内必须配置可用于扑灭电气火灾的灭火器，严禁存放储油桶。

（3）发电机组电源必须与外电线路电源连锁，严禁并列运行。

（4）发电机组应采用电源中性点直接接地的三相四线制供电系统和独立设置TN-S接零保护系统，其工作接地电阻值应符合：

①单台容量大于100kVA，工作接地电阻值不得大于4Ω；

②单台容量不超过100kVA，工作接地电阻值不得大于10Ω；

③土壤电阻率大于1 000Ω·m区域，工作接地电阻值可提高到30Ω。

（5）发电机供电系统应设置电源隔离开关及短路、过载、漏电保护电器。电源隔离开关分断时应有明显可见分断点。

（6）发电机组并列运行时，必须装设同期装置，并在机组同步运行后再向负载供电。

11 个体安全防护

11.1 一般规定

（1）从业人员在作业过程中，必须按照安全生产管理制度和劳动防护用品使用规则，正确佩戴和使用安全防护用品；未按规定佩戴和使用安全防护用品的，不得上岗作业。

（2）安全防护用品必须符合相关国家标准和行业标准，不得超期使用。

（3）劳动防护用品包括：安全帽、安全带、救生衣、防护服、防护鞋、防护手套、防护面具等。

11.2 个人防护用品

11.2.1 安全帽

（1）安全帽应有以下永久性标志：制造厂名称、商标、型号、制造日期、生产合格证和检验证明、生产许可证编号、“LA”安全标志。安全帽构造如图11.2.1-1所示。

（2）安全帽应在有效期内使用。每年一次定期检查，发现异常现象不得佩戴。

（3）戴安全帽前应将帽后调整带按自己头形调整到适合位置，然后将帽内弹性带系牢。缓冲衬垫的松紧由带子调节，人的头顶和帽体内顶部的空间垂直距离应控制在25～50mm，一般不应小于32mm。不得将安全帽歪戴，或把帽沿反戴。安全帽的下领带必须扣在颔下，并系牢，松紧应适度，如图11.2.1-2所示。

（4）安全帽应保持整洁，不应涂刷油漆，禁止搁置在火源周边，或在阳光下曝晒。在现场室内作业也应佩戴安全帽。

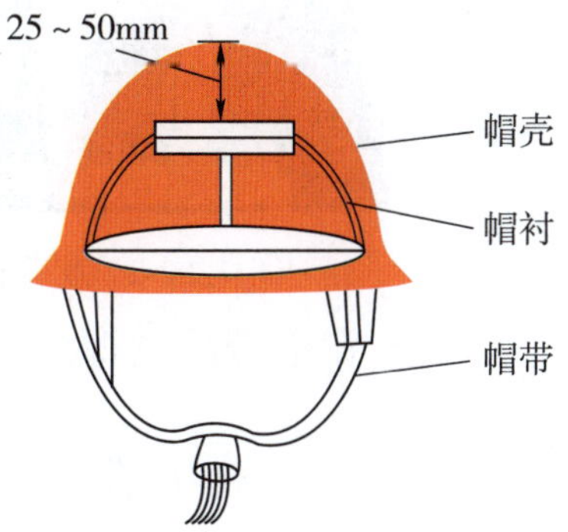

图11.2.1-1 安全帽构造图

11.2.2 安全带

（1）安全带类型有全身式安全带（图11.2.2-1）、双肩式安全带（图11.2.2-2）等。

（2）安全带的有效期一般为3~5年，发现异常应提前报废。使用频繁的绳子，应经常进行外观检查，发现异常时，立即更换或报废。

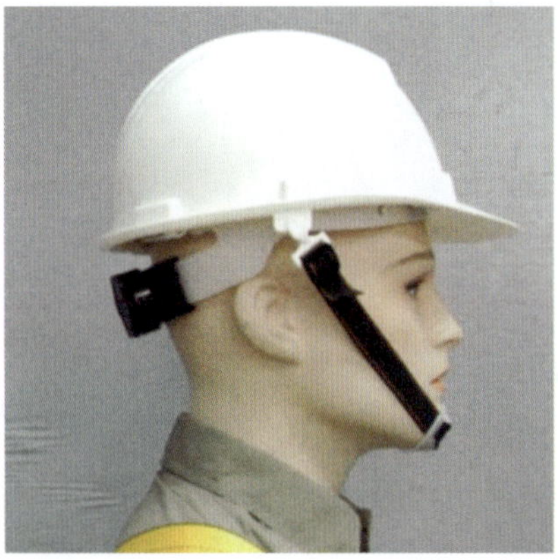

图11.2.1-2　安全帽佩戴示意图

图11.2.2-1　全身式安全带

（3）每条安全带应有以下永久性标志：制造厂名称、商标、型号、制造日期、生产合格证和检验证明、生产许可证编号、"LA"安全标志。

（4）2m以上的悬空作业，必须使用安全带。使用中，应可靠地挂在牢固的地方，高挂低用（图11.2.2-3），且应防止摆动，避免明火和刺割。在无法直接挂设安全带的地方，应设置能供安全带钩挂的安全母索、安全栏杆等。

图11.2.2-2　双肩式安全带

图11.2.2-3　安全带高挂低用

（5）安全带严禁擅自接长使用，使用3m及以上的长绳时必须增加缓冲器。

11.2.3　救生衣

（1）水上作业必须穿戴救生衣，救生衣有工作式救生衣（图11.2.3-1）、救生式救生衣（图11.2.3-2）、气胀式救生衣（图11.2.3-3）等。

（2）穿着泡沫类工作式救生衣前，应先检查浮力袋、领门带、腰带等是否完好，救生衣不得有损坏，否则不应穿戴。把救生衣从头套下穿在身上，浮力袋大的一面置于身体前面，把腰带分别从左右侧绕身一周，在胸前用力收紧，采用一缩帆结（救生时采用平结）系牢。

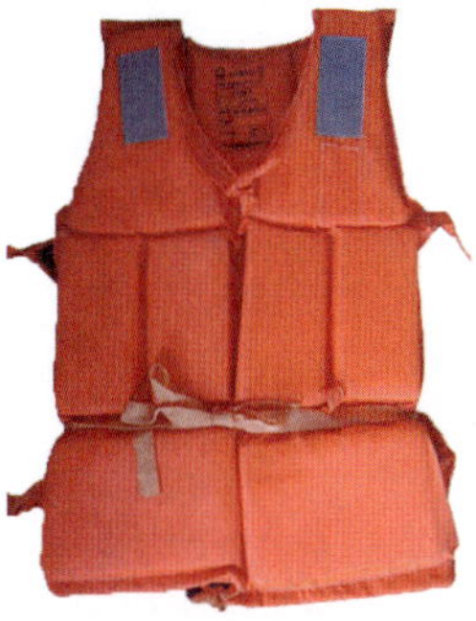

图11.2.3-1　工作式救生衣

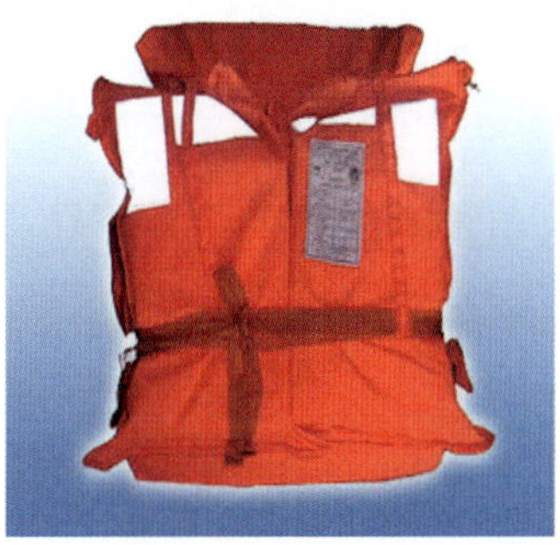

图11.2.3-2　救生式救生衣

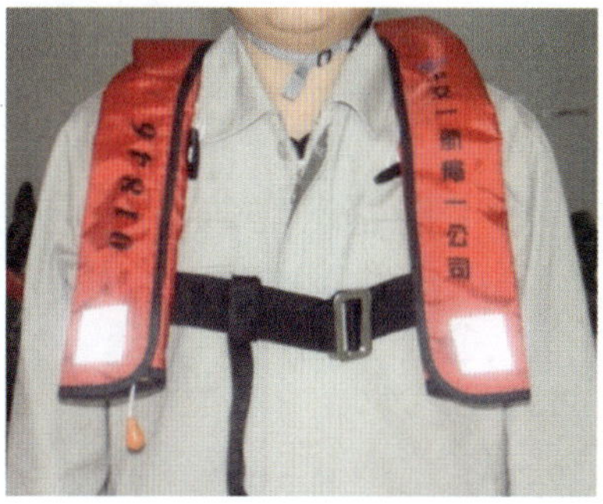

图11.2.3-3　气胀式救生衣

11.2.4　防护服

（1）现场作业人员应按工种要求配置棉质工作服（图11.2.4-1），特殊作业人员应配置特殊作业防护服。

（2）焊工工作服宜为帆布等材质的阻燃服（图11.2.4-2）。

图11.2.4-1　棉质工作服

图11.2.4-2　电焊工作服

（3）为防止潜水时体温散失过快，水下作业人员必须穿着潜水服。潜水服按潜水方式分为轻装潜水服和重装潜水服两种（图11.2.4-3、图11.2.4-4）。

图11.2.4-3　轻装潜水服

图11.2.4-4　重装潜水服

11.2.5 防护鞋

（1）作业人员应根据现场情况正确穿着防护鞋（图11.2.5），电工、电焊工必须穿着电绝缘鞋。

（2）绝缘鞋必须在规定的电压范围内使用，每半年进行一次预防性试验。

11.2.6 防护手套

（1）从事电工、电焊作业以及接触强酸、强碱材料的作业人员应使用防护手套（图11.2.6-1和图11.2.6-2）。

（2）防水、耐酸碱手套使用前应仔细检查，不得破损。

（3）绝缘手套应定期检验电绝缘性能，不符合规定的，不能使用。

图11.2.5 防护鞋

图11.2.6-1 普通工作手套

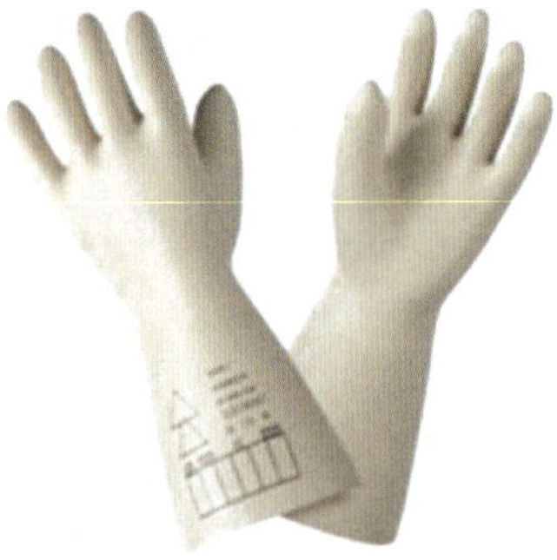

图11.2.6-2 绝缘手套

11.2.7 防护用具

（1）从事金属切割、混凝土及岩石打凿作业人员必须使用护目镜（图11.2.7-1）。

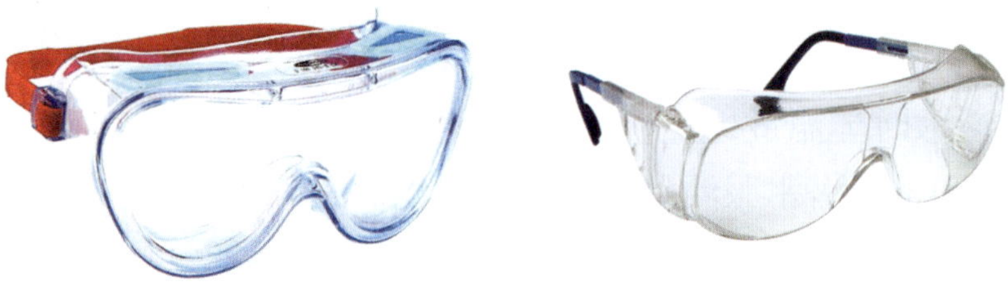

图11.2.7-1 护目镜

（2）电焊作业人员必须配备焊接防护面罩（图11.2.7-2），气焊作业人员应配备焊接防护眼镜（图11.2.7-3）。

（3）防灰尘、烟雾、轻微毒性或刺激性较弱的有毒气体的防护镜必须密封、遮边无通风孔，与面部接触严密，镜架应耐酸、耐碱。

（4）混凝土作业人员、沥青作业人员、隧道钻孔清渣作业人员必须配戴防尘口罩或防尘面罩（图11.2.7-4）。

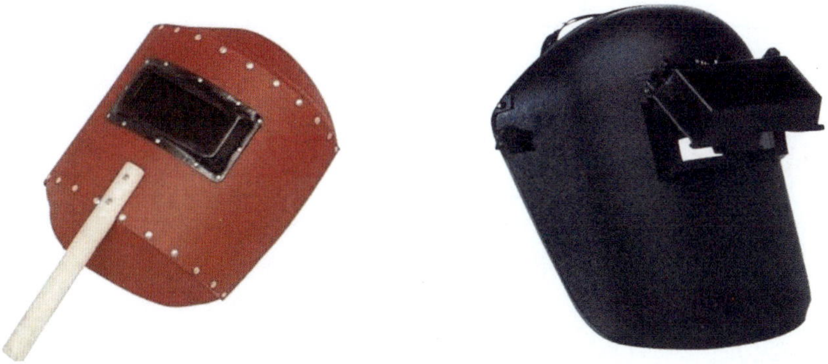

图11.2.7-2　焊接防护面罩

图11.2.7-3　焊接防护眼镜

图11.2.7-4　防尘口罩及防尘面罩

12 特种设备及专用设备防护

12.1 一般规定

（1）机械设备进场后，应建立机械设备分类管理台账，特种设备应按照“一机一档”原则建立管理档案。

（2）设备应实施编号管理，现场悬挂安全操作规程、设备操作管理牌（图12.1）。

设备名称		设备编号	
使用工程		设备代码	
证件有效期		设备规格	
操作人		检查人	

图12.1 设备操作管理牌

（3）特种设备进场前，应按照有关规定进行检验，证件必须齐全、有效，技术性能应满足要求，安全防护设施应可靠。

（4）特种设备的安装调试、拆除等工作应由具备相关资质的单位承担。特种设备安装后经当地特种设备技术质量监督管理部门检验检测合格后方可使用，使用过程中应按规定对设备进行检查、维修、保养，并予以记录。

（5）特种设备操作人员必须经专门的安全技术培训并考核合格，取得相应资格证书后，方可上岗作业。

（6）起重作业前，必须严格检查起重设备各部件的可靠性和安全性。当被吊物的重量达到起重设备额定起重能力的90%及以上时，应进行试吊。

（7）起重作业时，严禁超载、斜拉或起吊埋在地下等不明重量的物件。提升重物时严禁自由下降，严禁使用起重设备运输施工人员。

（8）缆索起重机操作人员必须持证上岗。

（9）挂篮、滑模及自升式滑模等未列入国家特种设备目录的专用大型设备，安装完成后应组织验收工作。

12.2 吊索吊具

（1）起重吊装设备所使用的钢丝绳及索具，应具备有生产资质的制造厂商提供的出厂合格证和材质证明。

（2）钢丝绳的规格、直径，应根据用途及所承受载荷的大小及钢丝绳容许拉力来选择。起重设备使用钢丝绳的安全系数，应符合设备规格书或说明书的规定，起重吊装使用钢丝绳的安全系数不小于5倍。

（3）新钢丝绳在使用前，应检查其合格证，确认钢丝绳的性能和规格符合要求。

（4）采用编结方式连接钢丝绳端部时，编结部分的长度不得小于钢丝绳直径的20倍，且不应小于300mm。

（5）采用绳卡固接钢丝绳时，与钢丝绳直径相匹配的绳卡数量、间距应符合相关规定。绳卡的滑鞍应设在钢丝绳受力的一侧，U形螺栓应在钢丝绳的尾端，且不得正反交错使用，最后一个绳卡距绳头的长度不得小于140mm。

（6）钢丝绳表面锈蚀或磨损使钢丝绳直径显著减小时，钢丝径向磨损或腐蚀量超过原直径40%的，应予报废。钢丝绳直径减少达公称直径的7%时，应予报废。吊装绳扣的扣头部位出现断丝时，应切弃断丝部分重新插扣。钢丝绳的断丝数量少于报废标准，但断丝聚集在小于6倍绳径的长度范围内或集中在任一绳股里，亦应予报废。

（7）吊钩、吊环应定期检查，表面应光滑，不得有剥痕、刻痕、锐角、裂纹。

（8）一台起重设备的两个主吊钩起吊同一重物时，两钩升降应协调，两吊索开口度不应大于60°，且每个钩的吊重不得大于其额定负荷。卸扣使用时不得超过规定载荷，严禁钢丝绳在卸扣两侧起重。

（9）起重机的吊钩和吊环严禁补焊。当出现下列情况之一时，应予更换：

①表面有裂纹、破口；

②钩尾和螺纹部分等危险截面及钩颈有永久变形；

③挂绳处断面磨损超过原高度10%；

④板钩衬套磨损超过原厚度50%；

⑤板钩芯轴（销子）磨损超过其尺寸的3%～5%；

⑥开口度比原尺寸增加15°，开口扭转变形超过10°。

（10）当起重设备制动器的制动鼓表面磨损达1.5～2.0mm（小直径取小值，大直径取大值）时，应更换制动鼓；当起重设备制动器的制动带磨损超过原厚度50%时，应更换制动带。

图12.2所示为吊索吊具示意图。

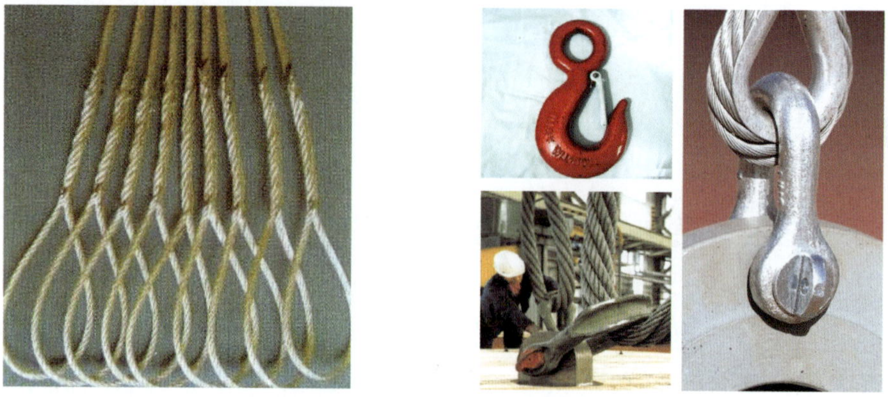

图12.2　起重吊索吊具示意图

12.3　塔式起重机

（1）塔式起重机的安装、拆除和检验应符合现行《塔式起重机安全规程》（GB 5144）及使用说明书中有关规定。

（2）塔式起重机安装完毕后，应通过有资质的检测机构的检测和验收后，向工程所在地县级以上技术监督主管部门办理使用登记备案。

（3）塔式起重机基础应能承受工作状态和非工作状态下的最大载荷，并满足塔机抗倾翻稳定性的要求。

（4）塔式起重机附墙杆件与建（构）筑物之间的固定连接应牢固可靠。

（5）两台及两台以上塔式起重机之间任何部位（包括吊物）的距离不应小于2m。

（6）遇六级以上大风或大雨、大雾、雷雨天气时，禁止起重作业。

（7）塔式起重机安全装置包括力矩限制器、起重量限制器、塔式起重机起升限位、制动器等，如图12.3-1～图12.3-4所示。

图12.3-1　力矩限制器

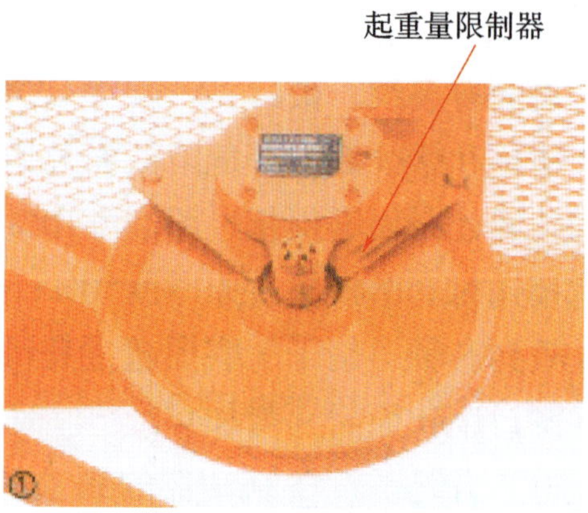

图12.3-2　起重量限制器

（8）设备使用前，应对安全装置进行试运转，并保留记录。

（9）施工作业前，应对主要安全装置进行安全检查，并保留检查记录。发现安全装置存在缺陷，应立即停止施工进行更换。

图12.3-3　塔式起重机起升限位

图12.3-4　制动器

12.4　门式起重机

（1）门式起重机轨道的铺设应符合设备安装规定，轨道接地电阻不应大于4Ω。

（2）露天作业的门式起重机，当遇六级及以上大风或停止作业时，锁紧夹轨器，并将吊钩升到顶端位置，吊钩上不得悬挂重物。防抗台风时宜加设缆风绳。

（3）门式起重机作业前应进行空载运转，再确认各机构运转正常、制动可靠、各限位开关灵敏有效后，方可作业。

（4）门式起重机应加装声光报警装置，行走时应发出声光报警信号。

（5）重物提升和下降操作应平稳匀速，在提升大件时不得快速，同时防止拴拉绳摆动。

（6）门式起重机行走轨道端头应设置车挡及防撞缓冲装置，如图12.4-1和图12.4-2所示。

图12.4-1　车挡

图12.4-2　防撞缓冲装置

（7）门式起重机小车、大车行走前，应检查行走限位器是否可靠有效，如图12.4-3和图12.4-4所示。

图12.4-3　小车限位图

图12.4-4　大车限位图

（8）门式起重机停止使用时，应使用夹轨器，临时停止时使用垫木固定，如图12.4-5和图12.4-6所示。

图12.4-5　夹轨器

图12.4-6　垫木

（9）门式起重机吊钩应设置灵敏有效的防脱钩装置，如图12.4-7所示。

（10）门式起重机应设置带有护栏的爬梯供作业人员使用，如图12.4-8所示。

图12.4-7　防脱钩装置

图12.4-8　门式起重机爬梯

（11）门式起重机司机室应具有良好视线，设备完善，配备高音喇叭，如图12.4-9所示。

（12）拖地电缆宜设置在塑料或金属管材或电缆槽中，如图12.4-10所示。

图12.4-9　门式起重机司机室及高音喇叭

图12.4-10　电缆槽

12.5　缆索起重机

（1）缆索起重机如图12.5-1和图12.5-2所示。

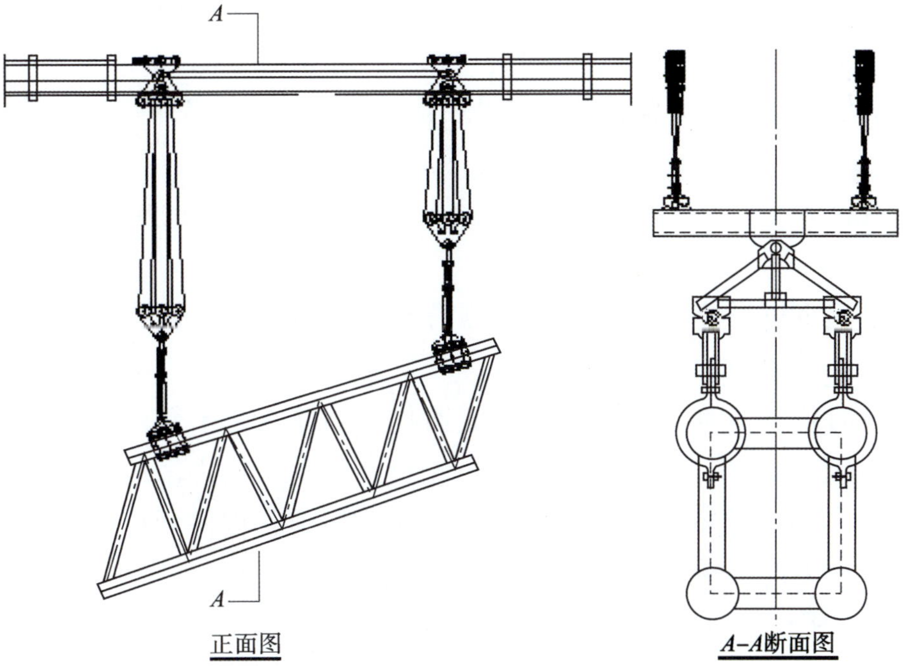

图12.5-1　缆索起重机示意图

（2）跨越公路、铁路施工时，缆索起重机必须按相关规定设置防护措施。

（3）缆索起重机塔架基础和地锚应选址得当，并进行相关受力计算。

（4）塔架安装时，周围5m范围应设置隔离带，安装后对塔架必须及时清理，避免遗落在塔架上的小构件坠落砸人，雨雪、大风等不良天气禁止施工，夜间不宜施工。

（5）缆索起重机所用材料、设备等进场前，应验收合格后方可使用，材料应无损伤、无变形，强度、刚度满足设计要求，塔架受力应经过计算，塔架前后及侧向必须设置缆风索，确保吊装时塔架稳定。

图12.5-2　缆索起重机

（6）人员上下塔架应配备符合要求的电梯或爬梯，严禁徒手攀爬。

（7）缆索起重机所用各种索的规格选用应经过计算，确保安全系数符合相关规定要求，投入施工前和使用过程中，应严格验收，当断丝、变形、锈蚀等超出相应规定时禁止使用。缆索起重机吊装过程中，缆索起重机与吊件之间应连接牢固。

（8）缆索起重机所用的各种索安装时，下方及侧向20m范围内不得有非工作人员通行或机械交叉作业。

（9）缆索起重机架设完成后应对缆索起重机后锚碇进行防护，非工作人员禁止入内。

（10）若用钢绞线作为缆风索，张拉完成后，必须采取加固措施防止退锚，同时避免钢绞线被火烤、通电。

（11）缆索起重机应设垂直起吊和水平运输限位装置，具备条件的，还可对最大索力进行控制。

（12）缆索起重机正式吊装前应进行试吊，试吊荷载应逐级加载，最大试吊荷载应达到设计吊重的120%。

（13）缆索起重机吊装时必须实时观测塔架偏位情况，当偏位超出规定值时应停止作业。

（14）吊装时构件应垂直起吊，构件应捆扎牢固并保持平衡稳定，构件不得超出设计吊重，当侧向起吊时，应确保主索与跑车轮槽不脱离，构件吊运应平稳前行，在接近安装部位时，不得碰撞已安装完的构件及其他作业设施，构件到位稳定后，方可进行作业，且吊装构件上方严禁站人。

（15）缆索起重机应定期进行全面检查、维护。

（16）在吊装过程中，吊装构件下方严禁有人员过往。

（17）吊装作业应指派专人统一指挥，起重工必须掌握吊装作业安全要求，其他人员必须明确分工，操作人员每人配备一台通信工具。

（18）吊装时间过长、气温温差大时，应对承重索垂度进行调整，保证承重索受力均匀，且索力在设计范围之内。

（19）缆索起重机闲置一段时间后再次运行时，应空载往返行走一次。

（20）任何缆索拆除时下方应设隔离带，无关人员禁止入内，拆除过程中必须保持塔架稳定。

12.6 架桥机

（1）架桥机支腿处应铺设垫木并进行临时固结。

（2）当现场实测风力达到6级（含）以上或雨雪中级（含）以上时，必须停止作业，并做好防护工作。

（3）应设专人监控吊具、钢丝绳、制动装置、限位开关、防护栏和安全网等重要安全设备，并做好记录。

（4）为保护架桥机电机，应设置防雨棚及检修平台，检修平台应设护栏。

（5）架桥机临近、穿越、跨越高压线时应设防电护网。

（6）架桥机作业平台处应设密目式安全网，人员行走平台及楼梯应设置护栏，如图12.6-1和图12.6-2所示。

图12.6-1　安全防护网

图12.6-2　安全护栏

（7）架桥机应设置有效的限位器，架桥机轨道尽头应设置缓冲器，如图12.6-3和图12.6-4所示。

图12.6-3　限位器

图12.6-4　缓冲器

（8）架桥机垫木应使用硬杂木，一般不多于三层，如图12.6-5和图12.6-6所示。

图12.6-5 垫木

图12.6-6 固定销

12.7 专用设备

12.7.1 自升式爬模、滑模系统

（1）采用爬升模板施工时，编制专项安全技术方案，经专家论证后，向参加爬模施工人员进行安全技术交底。爬模示意图如图12.7.1-1所示。

（2）爬升架体系、滑升机具、模板、操作平台、脚手架等，应具有足够的强度、刚度和稳定性。

（3）预埋件设置应符合设计要求。锚锥、连接螺栓、承重销轴、对拉螺杆等受力构件应按要求设置，如图12.7.1-2所示。

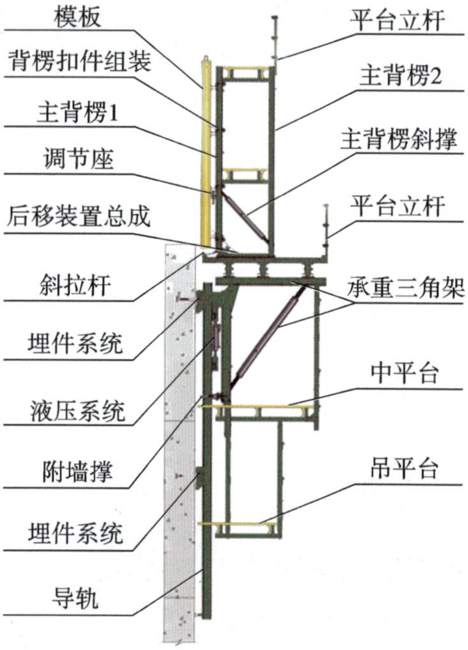

图12.7.1-1 爬模示意图

图12.7.1-2 埋件系统

（4）架体提升时，应另设置保险装置。模板爬升时，作业人员不得站在爬升的模板或爬架上。

（5）液压系统组装完毕后，必须进行全面检查。施工过程中，液压设备应由专人操作，并应经常维护，发现问题及时处理。

（6）爬架自主平台护栏以下及滑模操作平台四周，应设全封闭式防护栏，防护栏外围设满密目式安全网。模板主平台上方外围满设安全网。内外脚手架、悬挂脚手架和爬架底部应满铺脚手板或钢板网。

（7）每层操作平台必须设爬梯，人员可由爬梯上下。进行爬架和附墙架工作应在爬架内上下，禁止攀爬模板、脚手架或由爬架外侧上下。

（8）模板组装完毕，经检验合格后方可浇筑混凝土。混凝土浇筑后，强度达设计强度80%以上，方可拆模。

（9）平台上应规定人群荷载和堆放材料的限量标准。材料应均匀摆放，不得多人聚集一处。

（10）严格按照模板和爬架爬升的程序进行操作，爬升时墙体混凝土应达到规定的强度。爬升过程中必须随时检查，发现异常，应停止爬升。

（11）爬模爬升时，爬模下方应设置警戒区和明显标志，严禁人员进入。

（12）滑模滑升时，应随时调整平台水平、中心的垂直度满足要求，以防平台扭转和水平移位。

（13）夜间不宜进行爬模升降作业，遇六级及以上大风时禁止进行提升或进行模板前后移动作业。

（14）拆除爬模设备时，应做好安全防护措施。拆除时应根据吊装设备能力，分组拆除或吊至地面上解体，以减少高处作业量和杆件变形。拆除现场应划定警戒区，警戒线到建筑物边缘的安全距离不得小于15m。

12.7.2 翻模系统

（1）工作平台必须对中调平，平台上设备、材料对称均匀布置，如图12.7.2-1所示。

（2）第一节模板组装时必须确保中线水平精度要求，模板间连接缝保证平顺密贴，安装第一节顶杆时，必须用不同长度顶杆交替排列，避免顶杆接头在同一水平高度，影响平台的稳定性。

（3）第三节模板组装时应同时安装内外吊装架，并绑扎好安全网，如图12.7.2-2所示。

（4）液压设备安装必须严格按产品技术要求进行。

（5）内外模之间必须设拉筋和支撑。

（6）电器设备必须作好接地保护，电线接头必须绝缘。

图12.7.2-1　翻模施工平台

图12.7.2-2　翻模施工防护网

12.7.3　挂篮

（1）挂篮结构应满足强度、刚度和稳定性要求。

（2）挂篮的总重应控制在设计规定的限重之内。

图12.7.3　挂篮防护设施

（3）挂篮的最大变形应不大于20mm。

（4）挂篮的支承平台应有足够的平面尺寸，能满足梁段现场施工作业的需要，临边必须设安全防护网，如图12.7.3所示。

（5）挂篮模板的制作与安装应准确、牢固。后吊杆和下限位拉杆孔道严格按设计尺寸准确预留。

（6）挂篮制作加工完成后应进行试拼装和静载试验，验收合格后方可使用。

（7）挂篮前移时，宜在其后方设置控制其滑动的装置或在滑道上设置制动装置；前移就位后，立即将后锚固点锁定。

（8）滑道（轨道）移动到位后应与箱梁腹板内竖向预应力筋锚固，再移动挂篮主桁架系统。

（9）挂篮前移到位后，应将挂篮主桁架后锚点由轨道上转换至后锚精轧螺纹钢筋锚固吊带上。

12.7.4　移动模架

（1）移动模架（图12.7.4-1）整体应满足强度、刚度和稳定性要求，模架整体刚度不大于主梁挠度1/700。

（2）总体稳定（纵横向）系数应大于1.5。

（3）移动模架的开启应由液压系统同步控制。

（4）严格控制支腿的压缩和温度变形。

（5）移动模架应进行试拼装和静载试验，验收合格后方可使用。

（6）移动模架在使用前应设置临边防护设施，如图12.7.4-2和图12.7.4-3所示。

图12.7.4-1　移动模架

图12.7.4-2　移动模架临边防护

图12.7.4-3　移动模架前导梁防护

13 常用设备及机具防护

13.1 一般规定

（1）禁止使用缺少安全装置或安全装置已失效的机具。

（2）严禁拆除、改装、自制施工机具上的监测、指示、仪表、报警及警示等安全装置。

（3）冬季使用机具应采取防冻、防寒和防滑措施。

（4）机具运转时，禁止保养、修理、调整等作业。

（5）禁止在没有保险装置的机具下面进行保养、修理。进入机械内部相对封闭空间时，必须设监护人。

（6）机具应进行编号管理，现场悬挂安全操作规程、设备操作管理牌，如图13.1所示。

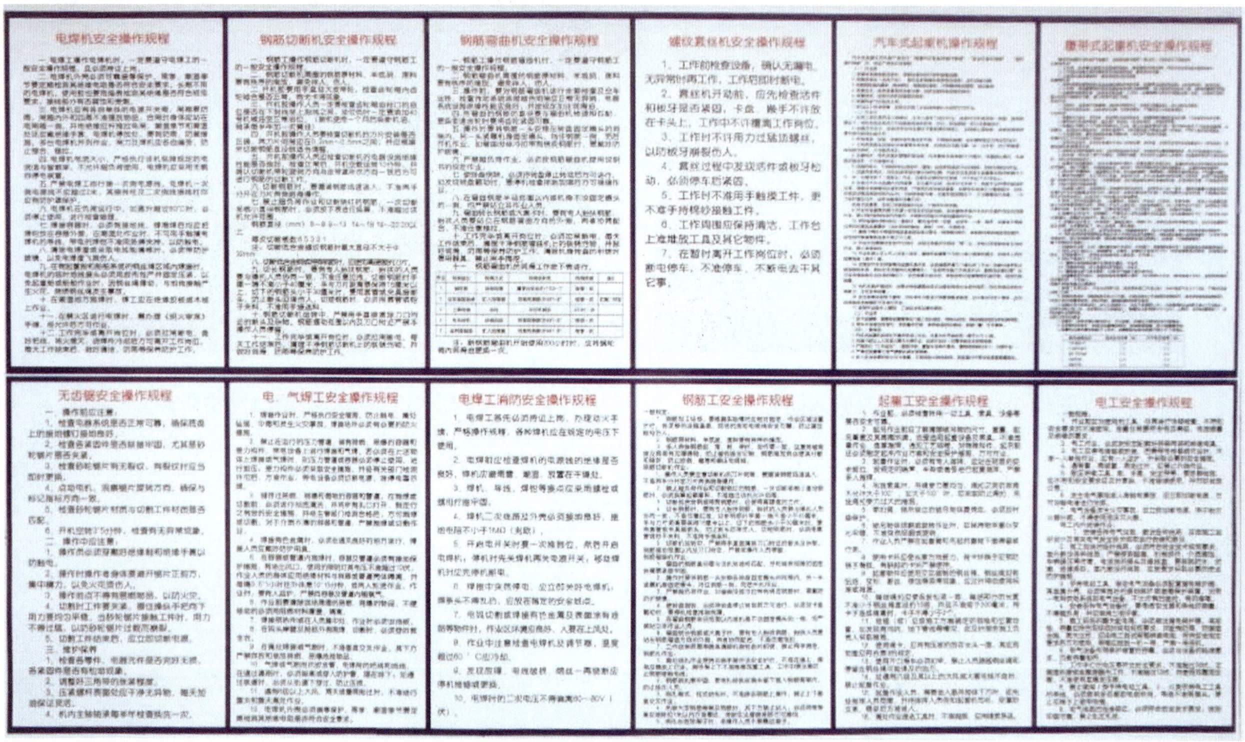

图13.1　设备操作规程

（7）机具的用电必须符合现行《施工现场临时用电安全技术规范》（JGJ 46），使用

TN-S系统。机具的接地电阻不应大于4Ω；漏电保护器参数应匹配，安装应正确，动作应灵敏可靠；电气保护（短路、过载、失压）应齐全有效。

13.2 焊割机具

（1）在焊、割工作现场10m范围内，应配备相应的消防器材，禁止存放易燃、易爆物品。焊接铜、铝、铁、锡等有色金属时，必须通风良好，采取防毒措施（戴防毒面罩或呼吸滤清器等）。

（2）在高空焊割或施焊稳定性差的工件时，应配备安全带，采取安全防护措施，防止高空坠落或工件倒塌；禁止将导线绕挂身上，地面应指定专人监护。

（3）焊接、切割完后要及时清理工作场所，切断电源，将焊接、切割设备和工具摆放在指定地点，灭绝余火后，才可离开工作场所。

13.2.1 电焊机

（1）电焊机的一次侧电源线长度不得大于5m。二次侧焊接电缆线应采用防水绝缘橡胶护套铜芯软电缆，长度不宜大于30m。如图13.2.1-1和图13.2.1-2所示。

图13.2.1-1 电焊作业安全实例

（2）交流电焊机的二次侧应作接零或接地保护。绝缘电阻不得小于1MΩ，接地线接地电阻不得大于4Ω；当长期使用的电焊机恢复使用时，其绝缘电阻不得小于0.5MΩ。

（3）电焊机外壳有可靠保护零线，进出线处应设置防护罩。

（4）焊机导线和接地线均不应安放在易燃、易爆或带有热源的物品上，不应与机械设备或管道及建筑物金属构件或轨道连接。机壳接地应符合焊接工艺规定，接地电阻不得大于4Ω。

（5）电焊机应使用专用开关箱，漏电保护器匹配合理、灵敏可靠，设置二次空载降压保护器。

（6）焊钳握柄必须用绝缘耐热材料制作，握柄与导线连接处应牢靠，并包好绝缘布。

（7）焊机存放地点应通风良好、清洁干燥、无杂物放置，并在焊机下加垫干燥木板。现场使用的电焊机，应设有防雨、防潮、防晒的机棚，并装设相应的消防器材。单台电焊机宜使用专用小推车，多台电焊机可搭设防护棚，如图13.2.1-3和图13.2.1-4所示。

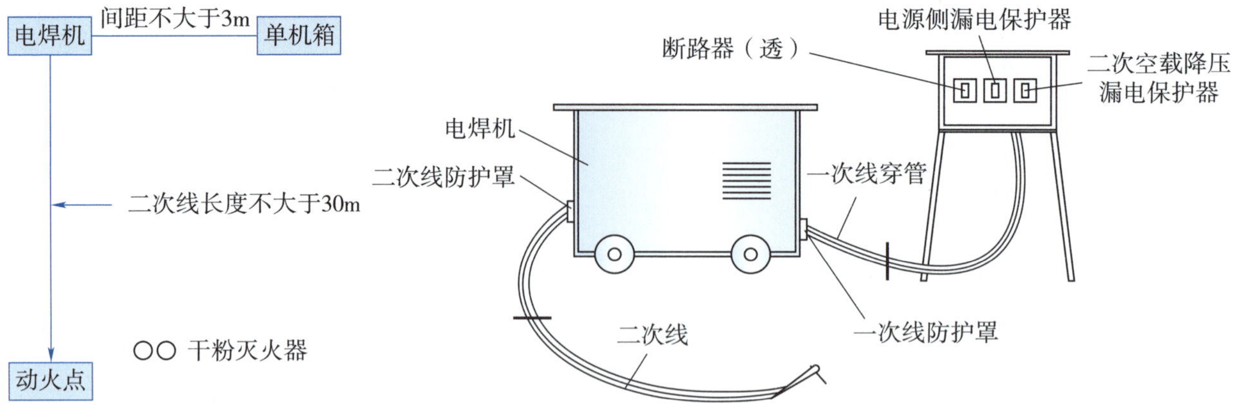

a) b)

图13.2.1-2　电焊作业安全图示

图13.2.1-3　电焊机专用小推车

图13.2.1-4　防护棚

13.2.2　氧气、乙炔瓶

（1）乙炔瓶使用时应立放，并采取防倾倒措施。氧气瓶和乙炔瓶工作间距不得小于5m，气瓶与明火作业点的距离不应小于10m，当距离不能满足安全距离要求时，应有隔离防护措施。如图13.2.2-1和图13.2.2-2所示。

图13.2.2-1　气焊作业实例

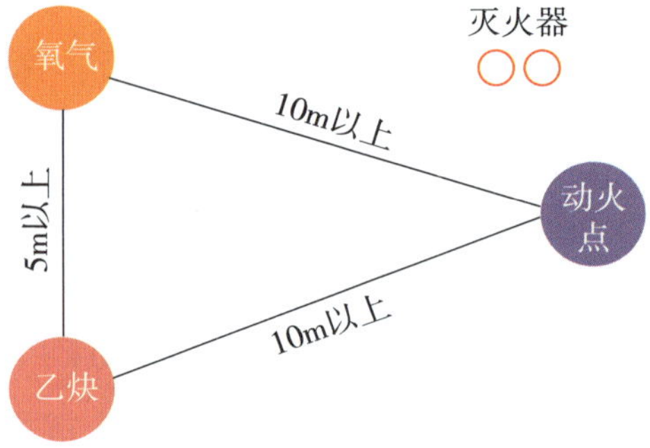

图13.2.2-2　气焊作业安全图示

（2）电弧焊施焊现场的10m 范围内不得堆放氧气瓶、乙炔瓶、木材等易燃物，并合理配备灭火器，清理周边易燃、易爆物品。操作人员应持证上岗、正确穿戴防护用品。

（3）储装气体的罐瓶及其附件应合格、完好和有效，氧气瓶、乙炔瓶设防振圈，夏季高温有防爆晒措施，乙炔瓶必须设回火阀，立放牢固，严禁使用乙炔专用减压器、回火防止器及其他附件缺损的乙炔瓶，如图13.2.2-3所示。

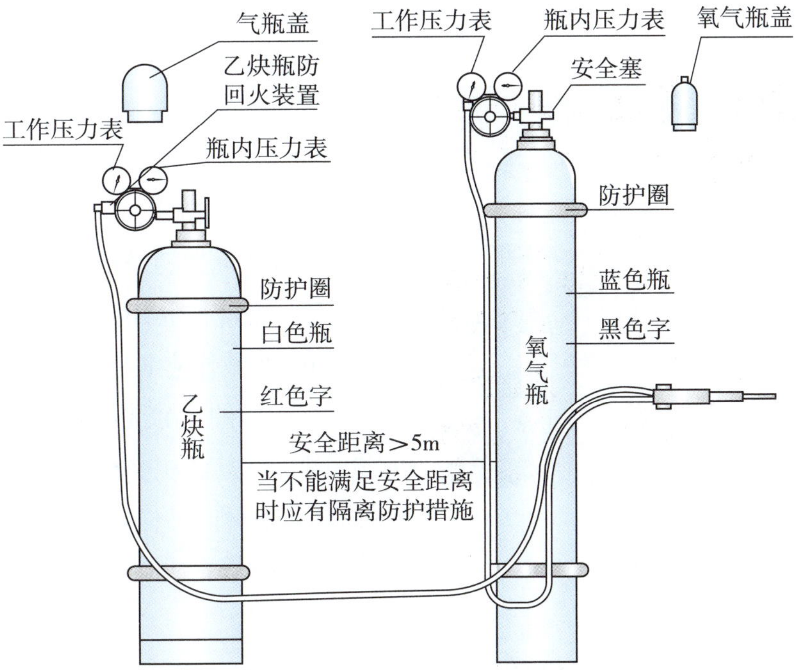

图13.2.2-3　气瓶、乙炔瓶构件

（4）备用待用的氧气瓶、乙炔瓶应分别存于氧气间、乙炔间，存放处间距应大于10m，并设置安全警示标志及配备灭火器材，如图13.2.2-4所示。

（5）各种气瓶应有标准色标，不应平放，宜使用专用小推车。如图13.2.2-5和图13.2.2-6所示。

图13.2.2-4　气瓶存放棚

图13.2.2-5　氧气瓶小推车

图13.2.2-6　乙炔瓶小推车

13.3 钢筋加工及木工机具

13.3.1 一般规定

（1）钢筋施工场地、钢筋制作棚应满足作业需要，照明灯具必须加装防护网罩。制作棚内的各种原材、半成品、废料等按规格、品种分别堆放整齐。作业前应对机械设备进行检查，合格后方可使用。图13.3.1所示为一钢筋加工棚图示。

图13.3.1　钢筋加工棚

（2）钢筋加工机械的安装应坚实稳固，保持水平位置。固定式机械应有可靠基础，移动式的机械作业时应对行走轮进行制动。

（3）各种钢筋机械应由熟悉机械构造、性能和操作方法并经安全培训考试合格的人员按规程操作。作业前，必须检查机械设备、作业环境、照明设施等，待运转正常后再开始工作。

（4）操作人员必须熟悉钢筋机械的构造性能和用途，并按照清洁、调整、紧固、防腐、润滑的要求维修保养机械。

（5）机械运行中停电时，应立即切断电源。收工时，按顺序停机、拉闸、锁好闸箱门、清理作业场所。电路故障必须由专业电工排除，严禁非持证电工接、拆、修电气设备。

（6）采用机械进行除锈、调直、断料和弯曲等加工时，机械传动装置要设防护罩，并由专人使用和保管。电机等设备要妥善进行保护接地或接零。

（7）作业后应清理场地，切断电源，锁好电闸箱。

（8）各种仪表应保持完好，并进行定期标定。

13.3.2 钢筋切断机

（1）钢筋切断机作业前，应先进行试运转，检查刃口是否松动，运转正常后，方能进行切断作业。切长料时应有专人把扶，切短料时应用钳子或套管夹牢。不得因钢筋直径小而集束切割。钢筋切断机如图13.3.2-1和图13.3.2-2所示。

（2）电气系统装置应齐全，线路排列整齐，卡固牢靠；电气设备安装应牢固，电气接触良好；电气控制设备和元件应置于柜（箱）内，电气柜（箱）门锁齐全有效。

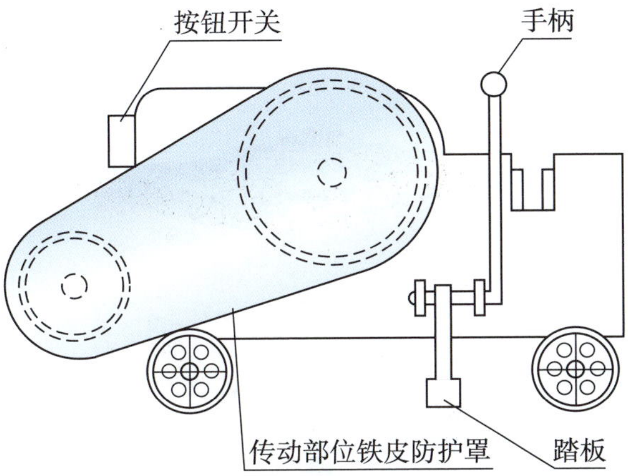

图13.3.2-1　钢筋切断机构造图

图13.3.2-2　钢筋切断机实物

13.3.3　钢筋调直机

（1）钢筋调直应设置防护挡板，作业时非作业人员不得进入现场。钢筋调直机如图13.3.3所示。

图13.3.3　钢筋调直机实物

（2）操作时必须将钢筋卡紧，机械前方须设铁板加以防护。

（3）机械开动后，非操作人员应在两侧2m区域以外，不准靠近钢筋行走。

（4）钢筋调直到末端时，人员必须离开。

13.3.4　钢筋弯曲机

（1）机械的安装应坚实稳固，保持水平位置。工作台和弯曲机台面应保持水平。钢筋弯曲机如图13.3.4-1和图13.3.4-2所示。

（2）固定式机械应有可靠的基础，移动式机械作业时应对行走轮进行制动。

（3）在弯曲钢筋的作业半径内和机身不设固定销的一侧严禁站人。弯曲好的半成品，应堆放整齐，弯钩不得朝上。

（4）不直的钢筋，禁止在弯曲机上弯曲。

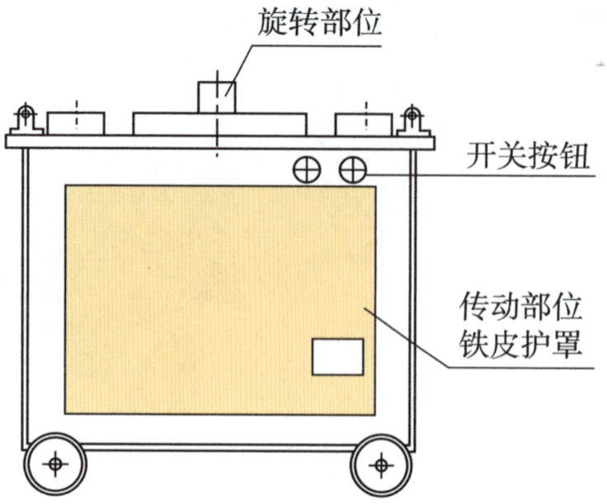

图13.3.4-1　钢筋弯曲机构造图

图13.3.4-2　钢筋弯曲机实物

13.3.5　预应力张拉设备

（1）预应力张拉区域应标示明显的安全标志，禁止非操作人员进入。预应力张拉设备如图13.3.5所示。

a)　　b)

图13.3.5　预应力张拉设备

（2）张拉钢筋的两端必须设置挡板。

（3）根据冷拉钢筋的直径，合理选用卷扬机，卷扬钢丝绳应经封闭式导向滑轮并和被拉钢筋方向成直角。卷扬机的位置必须使操作人员能见到全部冷拉场地。

（4）作业前应检查冷拉夹具，夹齿必须完好，滑轮、拖拉小车润滑灵活，拉钩及防护装置均齐全牢固，确认良好后，方可作业。

（5）冷拉时，应缓慢、均匀地进行，随时注意停车信号或见到有人进入危险区时，应立即停拉，并稍稍放松卷扬钢丝绳。

（6）在运行中遇突然停电时，必须立即关闭冷拉机械的电源。

（7）钢筋张拉时，千斤顶支脚必须与构件对准，放置平正。测量拉伸长度或加楔、拧紧螺栓时，应站在钢筋两侧操作，并停止卷扬机或千斤顶拉伸操作。采用电热张拉时，若带电操作，应设置绝缘保护和防触电措施。预应力钢绞线张拉时，操作应平稳、均匀，张拉端的正面不得站人。采用延伸率控制时，应设置限位标志。

13.3.6 圆盘锯

（1）操作人员应配戴防护眼镜，站在锯片一侧，禁止站在与锯片同一直线上。锯片上方必须安装保险防护罩和滴水设施。锯片不得有连续断齿。圆盘锯如图13.3.6-1和图13.3.6-2所示。

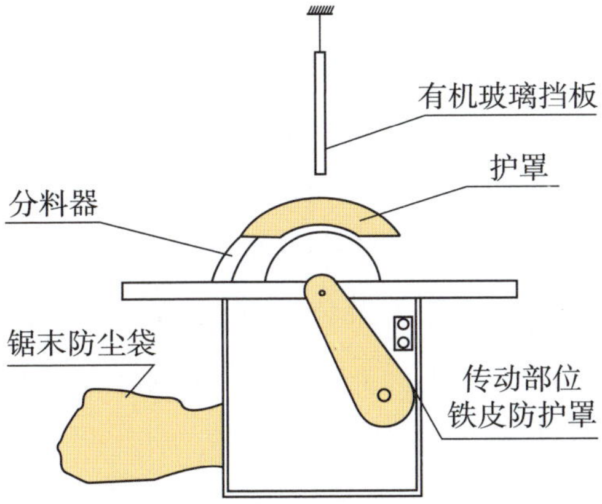

图13.3.6-1 圆盘锯构造图

图13.3.6-2 圆盘锯实物

（2）锯片运转正常后方可进行作业。接料应待料出锯片15cm后进行，不得用手硬拉，木料锯到接近端头时，由下手拉曳，上手不得用手推进。

（3）作业过程中不得将木料抬高或左右扳动，必须紧贴挡板。送料力量应均匀，不得用力过猛，遇木节应减速。不得用木料挡刹锯片强制停车。调换锯片时，应等锯片自然停稳后方可进行。

（4）长度不足50cm的短料，不得上锯。半成品、边角料应堆放整齐。

13.4 混凝土机械

13.4.1 拌和设备

（1）搅拌机及皮带运输机所有外露齿轮、皮带等传动机件都应设防护罩，不得随意拆除。

（2）搅拌前，操作人员应确认搅拌、供料、控制等系统运行正常。运转时，严禁将头或手伸入料斗与机架之间查看，不得拿工具或物件伸入搅拌筒内。更不得在运转中检修，以免发生事故。

（3）搅拌机不得超负荷使用，运转中严禁维修、保养。维修、保养、清理搅拌机时，必须拉闸断电、锁好电箱、挂好“严禁合闸”安全警示标志牌，并有专人监护。

（4）料斗或送料机运转前应打铃，一旦运转，任何人不得在料斗或送料机下通行或停留。如需检修，必须拉闸断电，采取安全和保险措施后，方可修理。

13.4.2 混凝土输送泵

（1）混凝土输送泵作业前，应检查并确认泵机各部螺栓紧固，防护装置齐全可靠，各部位操纵开关、调整手柄、手轮、控制杆、旋塞等均在正确位置，液压系统正常无泄漏，液压油符合规定，搅拌斗内无杂物，上方的保护格网完好无损并盖严。泵送混凝土时，操作人员应随时监视各种仪表和指示灯，发现异常，立即停机检查。混凝土输送泵如图13.4.2所示。

图13.4.2　混凝土输送泵

（2）混凝土输送泵停止作业后，各部位操纵开关、调整手柄、手轮、控制杆、旋塞等均应复位，液压系统应卸荷。

13.4.3 混凝土振捣器

（1）操作振捣器作业时，应穿戴好胶鞋和绝缘橡皮手套，混凝土振捣器如图13.4.3-1和图13.4.3-2所示。

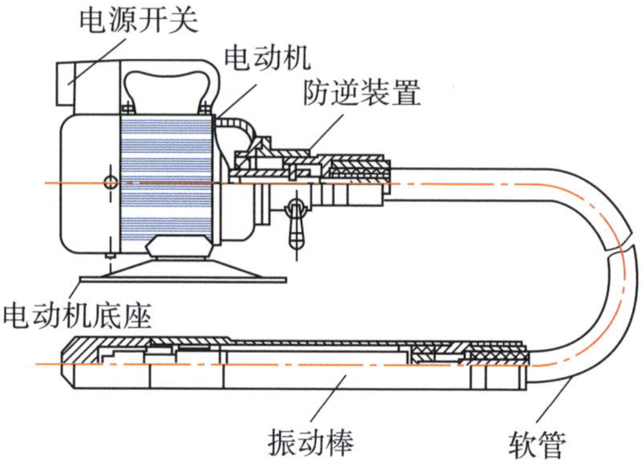

图13.4.3-1　混凝土振捣器构造图

图13.4.3-2　混凝土振捣器实物

（2）振捣棒软管不得存在断裂现象，当软管使用过久而使长度增长时，应及时修复或更换。

（3）电缆线应满足操作所需的长度要求。电缆线上不得堆压物品或让车辆挤压，严禁用电缆线拖拉或吊挂振捣器。

（4）振捣器不得在初凝的混凝土、地板、脚手架及干硬的地面上进行试振。在检修或作业间断时，应断开电源。

13.4.4　切缝机、锯缝机（图13.4.4）

（1）切缝机锯缝时，刀片夹板的螺母应紧固，各连接部位和安全防护罩应完好正常。切缝前应先打开冷却水，冷却水中断时应停止切缝。

（2）切缝时刀片应缓缓切入，并注意观察切割深度指示器，当遇有较大切割阻力时，立即升起刀片检查。停止切缝时应先将刀片提离板面后才可停止运转。

图13.4.4　水泥混凝土路面切缝机、锯缝机

13.5　卷扬机

（1）定期检查电器线路、制动器，确保安全可靠。卷扬机如图13.5所示。

图13.5　卷扬机

（2）卷扬机使用时齿轮啮合声音应正常，如有杂音应停机检修。

（3）卷筒上的钢丝绳达到最大起升高度时，应至少保留3圈作为安全圈。

（4）卷扬机的后锚应稳固，钢丝轴上方宜设置防护装置，防止飞绳伤人。

13.6　潜水作业设备

（1）潜水员使用的水下电气设备、装备、装具和水下设施，应符合现行《潜水员水下用电安全规程》（GB 16636）的有关规定。

（2）潜水作业前，潜水作业船应按规定显示信号，信号应完整、齐全可靠。通风式重装潜水作业应设专人信号绳、潜水电话和供气管线。

（3）通风式重装潜水作业下水时，应使用专用潜水爬梯。挂设爬梯的悬臂杠应满足强度和刚度要求，并与潜水船、爬梯连接牢固。

（4）潜水现场必须备有急救箱，急救箱内含有急救手册和急救器具等，如图13.6-1所示。

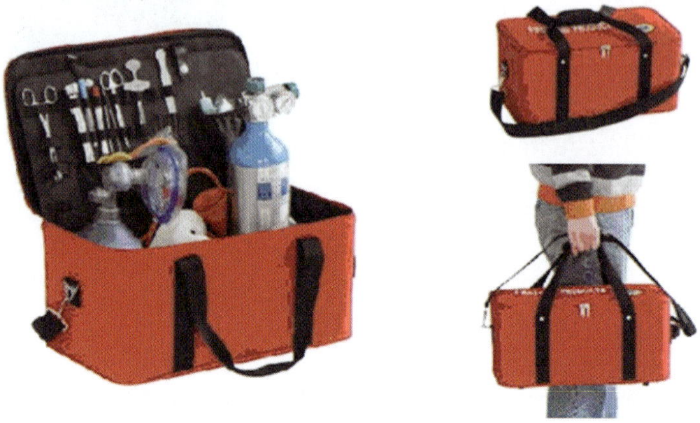

图13.6-1　急救箱

（5）超过30m深的潜水现场，必须备有减压舱，如图13.6-2所示。

（6）双工式报话机应同时能提供两名潜水员的通信联络（加有线电话），如图13.6-3所示。

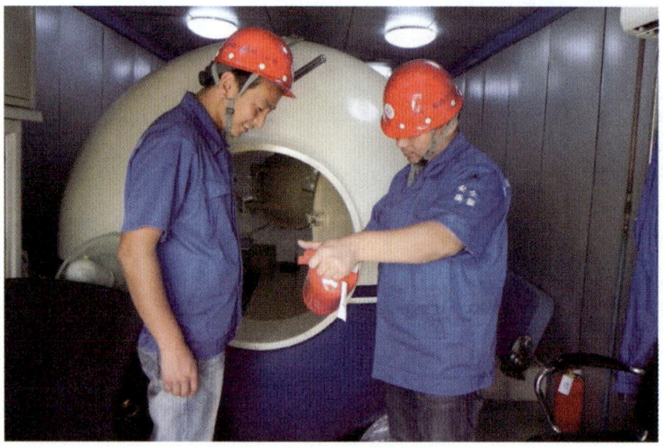

图13.6-2　减压舱

图13.6-3　双工式报话机

14 施工船舶

14.1 一般规定

（1）船舶航行应遵守《国际海上避碰规则》和《中华人民共和国内河避碰规则》等有关规定。

（2）船舶应保持国籍证书、船舶检验证书（船舶适航证书、吨位证书、载重线证书、防污证书）、船舶最低配员证书、电台执照等证书有效。

（3）施工船舶应按照船舶检验证书的要求配置通信、消防、救生及应急报警等设备，机舱宜加装漏水报警器，如图14.1-1和图14.1-2所示。

图14.1-1 船舶导航、通信设备

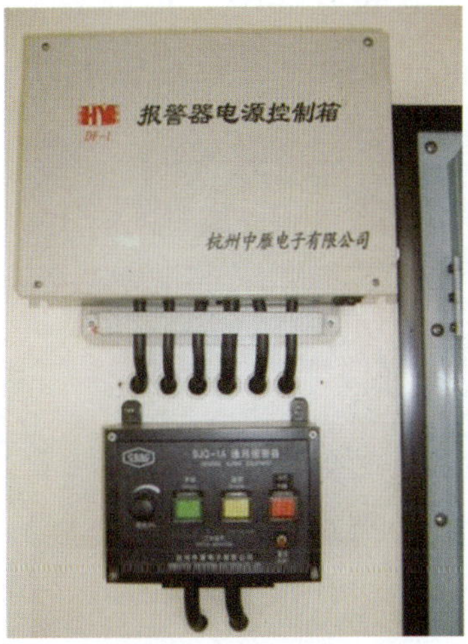

图14.1-2 应急报警设备

（4）施工船舶的梯口、应急场所等应设有醒目的安全警示标志，甲板、通道和作业场所应根据需要设有防滑装置，在大风浪中航行或冰冻天气作业时，甲板、通道和作业场所应增设临时安全防护绳。

（5）上下船舶时应搭设跳板，跳板下面宜挂安全网（图14.1-3）；使用软梯上下船舶时应设有专人监护，并备有带安全绳的救生圈（图14.1-4）；使用舷梯时应控制舷梯的升降速度，升降时舷梯上严禁站人，踏步应设置防滑装置。

（6）施工船舶在作业、航行或停泊时，应按规定显示号灯或号型。

（7）在流速较大的水域作业时，施工船舶的纵轴线应与水流方向基本一致，不宜横流驻位；必须横流驻位时，应编制专项施工方案。

（8）施工船舶穿越桥孔或过江架空管、线前，必须了解其净空高度。在狭窄水道或来往船舶较多的水域施工时，通信频道应有专人值守，并及时沟通避让方式。

图14.1-3　安全网

图14.1-4　救生圈

（9）抛锚、带缆作业：

①施工船舶应根据施工水域的水底土质、水深、水流、风向等，选择合适的锚型、锚重、锚缆，确定锚缆长度和位置。内河施工时，靠近或跨越航道的锚缆应采用链式沉缆。

②抛锚过程中，应视锚艇和本船移动的速度以及锚缆的松紧程度松放缆绳，不得突然刹车，抛锚应避开水下电缆、管道、构筑物和禁止抛锚区。

图14.1-5　船舶带缆

③施工船舶不得在未成型的码头、墩台或其他构筑物上系挂缆绳（图14.1-5）。

（10）解、系缆绳作业：

①作业人员不得骑跨缆绳或站在缆绳圈内，向缆桩上带缆时不得用手握在缆绳圈端部。

②移船绞缆应观察锚缆的状况，不得强行收绞缆绳，且不得兜曳其他物件。

③陆域带缆必须检查地锚的牢固性。缆绳通过的区域，须悬挂安全警示标志，必要时设专人看护。

④施工船舶靠泊后，系缆长度应根据水位变化及时调节。

（11）舷外作业：

①船上应悬挂慢车信号，作业现场应设置安全警示标志。

②船舶在航行中或摇摆较大时，不得进行舷外作业。

③舷外应设置安全可靠的工作脚手架或吊篮。

（12）进入施工船舶的封闭处所作业：

①进入施工船舶的封闭处所作业需配备必要的通风器材、防毒面具、急救医疗器材、氧气呼吸装置等应急防护设备或设施。

②作业人员进入封闭处所前，封闭处所应进行通风，并测定空气质量。

③作业人员进入封闭处所作业时，封闭处所外应设有监护人员，并确保联系畅通。

④在封闭处所内动火作业前，受到动火影响的舱室必须进行测氧、清舱、测爆，作业时，必须将气瓶或电焊机放置在封闭处所外。通风时，严禁输氧换气。

14.2 施工船舶作业许可

（1）船舶施工作业前必须取得海事管理机构颁发的《中华人民共和国水上水下施工许可证》。

（2）从事水上水下施工需要设置安全作业区的，应经海事管理机构核准公告。施工船舶必须在核定航区或作业水域内施工。

（3）施工许可证上注明的船舶在水上水下施工期间发生变更的，应及时到海事管理机构办理变更手续。

（4）船舶施工期间对通航安全、防治船舶污染可能构成重大影响的，建设单位或者主办单位应在申请海事管理机构水上水下活动许可之前进行通航安全评估。

14.3 自航式施工船舶作业

14.3.1 拖轮

（1）拖轮（图14.3.1）拖航前应制订拖带专项方案。

（2）拖轮拖缆施放前，作业人员应清理甲板作业区、理顺拖缆，并合理站位。

（3）启拖时，拖轮应待拖缆受力后方可逐渐加速。拖航中，拖缆附近不得站人或跨缆行走。调整拖缆时应控制航行速度。

（4）拖轮傍靠被拖船时，靠泊角度不宜过大，并应控制船速。傍拖时，各系缆受力应均衡有效。

图14.3.1 拖轮

（5）拖船与被拖船间放置缓冲垫时，船员不得骑跨或站在舷墙上操作。

14.3.2 起锚艇

（1）起锚艇（图14.3.2）抛、起、移锚应有专人指挥，正确使用车舵，控制船速。

（2）风浪中起锚时，锚艇不得横浪驻位或强行起锚。

（3）打开脱钩装置抛锚时，操作人员应站在安全、易于避让的位置。

（4）连接缆绳的卡环通过导缆孔、带缆桩时，缆绳应缓慢收放，并设专人监护。

14.3.3 交通艇

（1）交通艇（图14.3.3）应按核定人数载人，不得超员运行或客货混装。

图14.3.2 起锚艇

图14.3.3 交通艇

（2）艇上严禁装载或携带易燃、易爆及危险有毒物品。

（3）行航中，乘船人员不得站、坐在无安全护栏的舷边。

14.3.4 耙吸挖泥船

（1）耙吸挖泥船（图14.3.4）下放泥耙后，应使泥耙的吊索保持垂直状态，不得松弛。发现波浪补偿器跳动较大、耙头工作异常时，应立即起耙检查，并测出船位，准确记录。

图14.3.4 耙吸挖泥船

（2）在疏浚过程中，不得急剧大角度转向。遇有横向强风、流压时，应使船舶航向与风向、流向保持适当角度。

（3）在清除耙头杂物时，应有两人以上携带通信工具作业。作业人员应按要求站位，并使用专用工具进行清除。

（4）吹填作业时，应保持船舶平衡状态。靠泊码头吹填时，应根据潮水的涨落情况及时调整船舶与码头间的缆绳长度。

14.4 非自航式施工船舶作业

14.4.1 驳船

驳船（图14.4.1）装载不得超宽、超载或偏载。

14.4.2 起重船

（1）起重船（图14.4.2）作业人员应熟悉吊装方案，明确联系方式和指挥信号。

（2）根据吊装要求，驳船应服从起重船选择锚位和系缆位置。

（3）吊装前，吊钩升降、吊臂仰俯、制动等性能应良好，安全装置应正常有效。

（4）吊装结束后，起重船应退离安装位置，并对起重吊钩进行封钩。

图14.4.1　驳船

图14.4.2　起重船

14.4.3 打桩船

（1）打桩船（图14.4.3）吊桩、立桩、仰俯桩架和桩定位等应服从打桩指挥人员的指挥。

（2）打桩架上的活动物件应放稳、系牢。架上的工作平台应设有安全护栏和防滑装置。

（3）电梯笼必须设有防坠落安全装置，笼内必须装设升降控制开关。

（4）对桩锤检修或加油时，严禁启动吊锤卷扬机。

（5）穿越桩群的前缆应选择合适位置；绞缆应缓慢操作，施工船舶或作业人员不得进入缆绳两侧10m范围内。

图14.4.3　打桩船

（6）桩架底部两侧悬臂跳板的强度和刚度应满足作业要求。跳板的移动和封固装置应灵活、牢固、有效。

14.4.4 混凝土搅拌船

混凝土搅拌船（图14.4.4）水上过驳供料时，供料船应根据潮流情况随时调整缆绳长度和位置。

14.4.5 铺排船

（1）铺排船（图14.4.5）锚泊时，铺排船的滑板应根据水文气象条件放至适宜的位置。

图14.4.4 混凝土搅拌船

图14.4.5 铺排船

（2）设有滑板的侧舷严禁靠泊船舶。

（3）拖航时，滑板应拉起并与船体锁定。

14.4.6 半潜驳

（1）半潜驳（图14.4.6）装载前应确定下潜装载、航行、下潜卸载各个作业阶段可能出现的工况条件下装载物和船舶的安全性。

图14.4.6 半潜驳

（2）半潜驳应根据水文气象条件抛锚驻位，下潜水域应满足下潜深度要求。

（3）半潜驳下潜前，与下潜有关的设备和控制系统应进行检查并处于完好状态。甲板面上不得留有任何施工机具及材料，并关闭水密装置。

（4）下潜时的风力、波高和流速等不得超过该船相应的作业技术性能指标。

（5）下潜至起浮物即将处于漂浮状态时，应控制好起浮物的控制缆绳。

（6）起浮物移出半潜驳时，应根据风浪、水流及起浮物的牵引方式，缓慢放松控制缆绳，不得撞击半潜驳。

（7）在起浮或下潜过程中，甲板面即将露出或浸入水面时，半潜驳的纵、横倾角必须控制在允许范围内。

14.4.7 绞吸挖泥船

（1）绞吸挖泥船（图14.4.7）船舶抛锚定位后，方可沉放定位钢桩。双钢桩沉放状态下，严禁船舶横移或摆动。

（2）沉放或起升定位钢桩时，液压顶升装置和定位钢桩附近不得有人员通过或停留。

（3）疏浚作业前，应检查排泥管线的出泥管口是否稳固、正常，并在其附近设置安全警示标志。必要时，设置围栏。启动泥泵前，排泥管线附近的所有船舶及人员应及时撤离。

图14.4.7　绞吸挖泥船

（4）检查排泥管线时，应当两人以上同时作业，并设专人监护。主机应预先减速或停车。

（5）清理绞刀或吸泥口障碍物时，应关闭绞刀动力源开关，锁定桥架保险销，排净回路水，两人以上携带通信工具作业，并设专人监护。

（6）水上排泥管线每间隔50m应设置一个安全警示标志，夜间设置白光环照灯。固定浮管的锚，应设置锚标。

14.4.8　链斗式挖泥船

（1）链斗式挖泥船（图14.4.8）挖泥时，应密切观察斗链运转状况和斗桥动态，发现异常或遇有水下障碍物时，应停车检查、排除。发现塌方，应迅速松放主缆，移船躲避。

图14.4.8　链斗式挖泥船

（2）清除泥井中障碍物时，严禁斗链运转和斗桥移动。作业人员进入泥井前，必须清除泥井上方可能坠落的物体，作业时，必须设专人监护。

（3）在斗桥上作业时，应将通道及作业场所的污泥冲洗干净，并进行防滑处理。

（4）斗、链拆装前，挖泥船应显示减速信号，插牢链斗保险装置。启用吊车作业时，应指定专人统一指挥，明确指挥信号。启动链斗前，应检查有无障碍物，作业人员必须离开斗、链。启动链斗时，应慢车操作，缓慢空斗旋转。

14.4.9　铲斗式挖泥船

（1）在软土区域用钢桩进行抬船操作时，应均匀地对其施加压力。不得用单根钢桩抬船。

（2）拔出前钢桩时，应分级加荷，逐步拔出。铲斗式挖泥船前移时，后钢桩的倾斜角最大不得超过20°。

15 临边防护

15.1 一般规定

（1）高处作业中的安全标志、工具、仪表、电气等设施和各种设备，必须在施工前进行检查，确认其完好，方能投入使用。

（2）施工中对高处作业的安全技术设施，发现有缺陷或隐患时，必须及时解决；危及人身安全时，必须停止作业。

（3）高处作业中所用的物料，均应堆放平稳，不应妨碍通行和装卸。工具应随手放入工具袋；作业中的走道、通道板和登高用具，应随时清扫干净；拆卸下的物件及余料和废料应及时清理运走，不得任意乱置或向下丢弃；传递物件禁止抛掷。

（4）雨天进行高处作业时，必须采取可靠的防滑措施。遇有六级以上强风、浓雾等恶劣气候，不得进行露天攀登或悬空高处作业。台风暴雨后，应对高处作业安全设施逐一加以检查，发现有松动、变形、损坏或脱落等现象时，立即修理、完善。

（5）因作业需要临时拆除或变动安全防护设施时，必须经施工负责人同意，采取相应的可靠措施，作业后应立即恢复。

（6）高处作业安全设施的主要受力杆件构造应符合现行规范标准。

（7）临边、洞口防护设施必须符合下列要求：

①使用的钢管、扣件、安全网等，必须有国家生产许可证、产品合格证、产品检测报告等。

②临边作业必须设置栏杆。上横杆高度为1.2m，下横杆高度为0.6m，立杆间距不得大于2m。栏杆根部应设置高度不低于18cm 的挡脚板，挡脚板应固定牢固。栏杆应能承受1kN的水平推力，如图15.1-1所示。

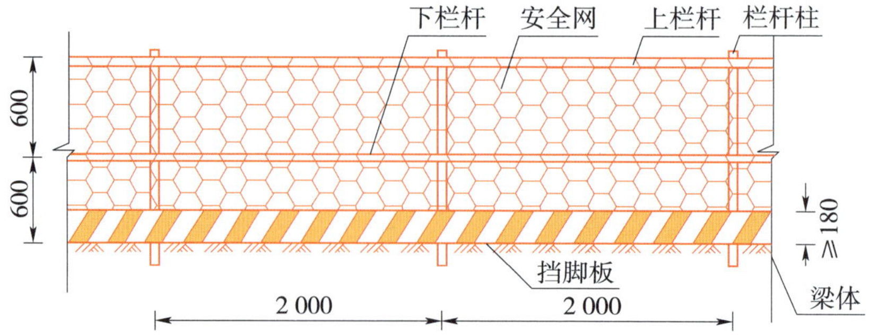

图15.1-1 临边、洞口防护设施（尺寸单位：mm）

③使用的钢管应作防锈处理，并刷间距为300mm、红白相间的油漆，如图15.1-2所示。

④明显部位必须按规定设置安全警示标志牌。

（8）立网和平网必须严格区分，绝不允许混用。动火作业区应使用阻燃型的密目式安全网。

图15.1-2 钢管防锈处理

15.2 桥面临边防护

（1）桥面施工前，在梁面两侧应设置防护栏杆，并挂设安全网。

（2）防护栏杆的横杆及立柱均采用ϕ48的管材，用扣件或焊接固定，横杆搭接时，接头必须错开，相邻的两个接头不得在同一跨间（两根立杆之间）。

（3）若无法采用钢管搭设，可用ϕ20以上的圆钢作栏杆柱，ϕ16以上的圆钢作横杆，如图15.2-1所示。

（4）用其他钢材（角钢、槽钢等）作防护栏杆时，应满足强度要求。栏杆底部焊接固定，如图15.2 2所示。

图15.2-1 临边防护

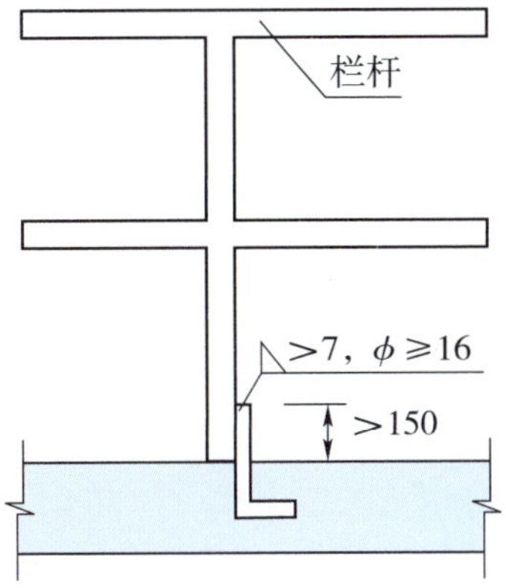

图15.2-2 底部处理（尺寸单位：mm）

（5）栏杆立柱的固定及其与横杆的连接应牢固。

（6）在无条件防护情况下的高处作业，应采用钢索作悬挂安全带和行走扶手用。

（7）桥梁等长距离的临边防护警示标志设置的距离不大于50m。

15.3 高墩防护

（1）高墩施工中高处作业时，应设置操作平台，其净宽不低于 80cm，必须设置人员上下爬梯，如图15.3-1所示。

a)

b)

图15.3-1　操作平台

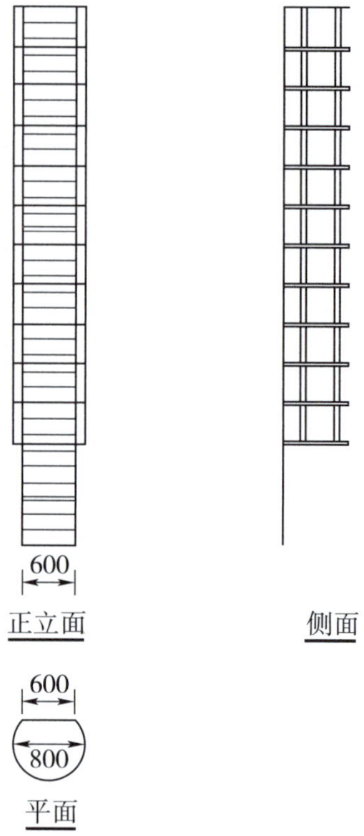

图15.3-2　带防护笼的直爬梯（尺寸单位：mm）

（2）根据工程实际，5m 以下的高处作业，可采用带防护笼的直爬梯，如图15.3-2所示。

（3）5～40m的高处作业时，应设置“之”字形人行斜梯，如图15.3-3所示。

（4）40m以上的上部结构采用现浇、悬浇的桥梁，宜安装附着式施工电梯。各种升降电梯、吊笼等升降设备，必须有可靠的安全装置。严禁使用各种起重机械进行吊人。

（5）爬梯、脚手架、工作平台应搭设牢固，不得与模板及其支撑体系连接。夜间施工必须配备足够的照明设施、发光警示标志。

（6）高墩柱施工时，在墩柱10m范围内，设警戒区，并应派专人监护。墩台施工靠近既有道路时，应采取可靠的安全防护措施，确保过往行人和车辆的安全。作业高度超过 20m时，宜设置避雷设施。

a)　　b)

c)

图15.3-3　“之”字形人行斜梯

15.4　洞口防护

15.4.1　预留孔洞防护

（1）短边边长小于50cm的洞口，一般加设竹、木板等进行遮盖，盖板须能保持四周搁置均衡，并有固定其位置的措施，洞口周边应设置醒目标志，防止车辆、人员误入，如图15.4.1-1所示。

（2）短边边长为 50～150cm 的洞口，必须设置以扣件扣接钢管搭设的临边防护栏杆，并在其洞口上满铺竹笆或脚手板。也可采用贯穿于混凝土板内的钢筋构成防护网，钢筋网络间距不得大于 20cm。

（3）边长或直径在150cm以上的洞口，四周除了设置防护栏杆外，洞口下还必须张设安全平网，如图15.4.1-2所示。

15.4.2　桩孔口安全防护

（1）挖孔桩施工时，桩位处应设立警示标志、工程标示牌等，孔口应设置锁口，锁口高度应高于地表 300mm 以上，孔口周边 1.0m 范围内进行环形硬化。孔口四周必须搭设防护围栏，停止作业时，应派人值班，孔口加盖，夜间加强照明，如图15.4.2-1所示。

图15.4.1-1　洞口加设盖板

图15.4.1-2　洞口设置防护栏杆

图15.4.2-1　桩孔口安全防护

（2）桩孔内应有足够照明、通风、排气设施，同时备有逃生安全爬梯，如图15.4.2-2所示。

a)　　b)

图15.4.2-2　桩孔内设施

（3）钻孔灌注桩施工时，桩机作业区域应平整，必须采取安全防护措施，在醒目位置设立警示标志、工程标示牌等，如图15.4.2-3所示。

a)　　b)

图15.4.2-3　钻孔灌注桩施工

15.4.3　泥浆池及孔口防护

（1）钻孔泥浆池四周应设有明显的警示标志和防护围栏，并挂设安全网，如图15.4.3所示。对位于岸上的泥浆池，在桩基施工完成后，应及时作回填处理。

a)　　b)

图15.4.3　钻孔泥浆池及孔口防护

（2）对于已埋设护筒未开钻或已成桩护筒尚未拔除的，应加设护筒顶盖或铺设安全网遮罩。

（3）对夜间未有照明设施的孔口及泥浆池，应在防护栏四周设置警示灯。

（4）钻孔中使用泥浆时，应设置泥浆循环净化系统。

15.5　深基坑防护

（1）深度超过2m 的基坑施工，必须设有临边防护栏杆，基坑防护栏距坑边距离应大于0.5m。

（2）基坑深度超过5m的，必须有专项支护设计，支护设计方案必须经专家论证审查合格后方可采用，如图15.5-1和图15.5-2所示。

（3）基坑施工应设置有效排水设施，并满足施工、防汛要求。

（4）深基础施工采用坑外降水的，应有防止临近建筑危险沉降的有效措施。

（5）坑（槽）沟边1m以内不得堆土、堆料，不得停放机械。

（6）基坑内必须设置专用人员上下通道，如图15.5-3所示。

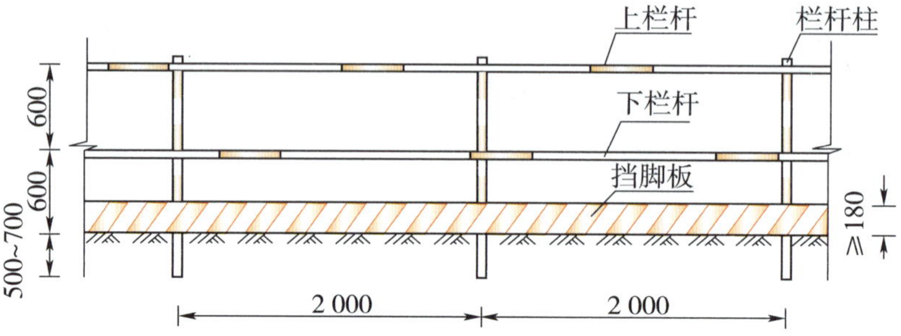

图15.5-1　基坑防护栏杆设计图（尺寸单位：mm）

图15.5-2　基坑支护实物

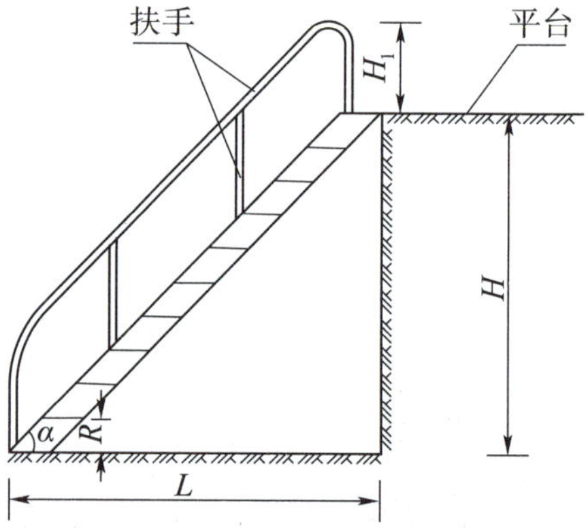

图15.5-3　专用人员上下通道侧面图

15.6　水上作业防护

（1）水上作业必须在大型临时设施两侧及平台周边设置临边防护栏杆，并挂设安全网，如图15.6-1所示。

图15.6-1　临边防护栏杆

（2）一般栏杆采用ϕ48的管材，穿过立柱预留孔固定，栏杆下边设置高度不低于18cm 的挡脚板，如图15.6-2所示。

（3）一般立柱围焊在大型临时设施两侧及平台周边的横梁上固定。若桥面板为混凝土面板，中线两侧应各预埋一块 6mm × 80mm × 100mm的钢板，以便焊接栏杆立柱。

（4）栏杆内侧每隔50m距离应安放救生圈、救生衣等水上安全防护物品。作业人员工作时，必须系安全带、穿救生衣。

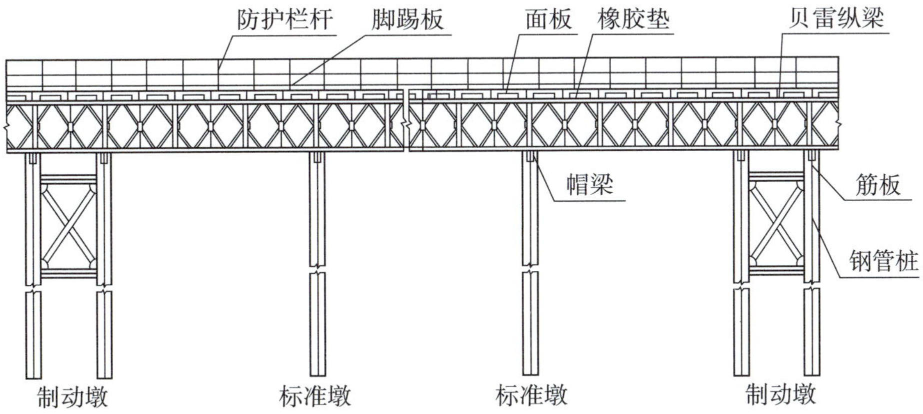

图15.6-2　水上作业临边防护栏杆

15.7　高边坡防护

（1）高边坡作业时，必须系好安全带，戴好安全帽，穿着防护鞋。严禁在同一安全桩上系多根安全绳或在一根安全绳上系两人以上，安全桩必须牢固可靠。

（2）施工前应检查坡体表面，及时清理坡面的危石、悬石，并设置醒目的安全警示标志，如图15.7所示。

a)　　　　b)

图15.7　高边坡安全警示标志

（3）边坡施工应严格按照自上而下分级进行的原则，开挖一级，防护一级，严禁立体交叉作业。

（4）作业时必须搭设牢固的落地脚手架，严禁采用悬挑脚手架。脚手架应按搭设方案搭设，验收合格后方可使用。

（5）坡面防护工程施工应挂设拦截式被动防护网。

16 支撑体系防护

16.1 一般规定

（1）从事模板支撑体系作业的人员，应经安全技术培训。从事高处作业的人员，应定期体检，不符合要求的不得从事高处作业。

（2）安装和拆除模板时，操作人员应戴安全帽、系安全带、穿防滑鞋。

（3）模板及配件进场应有出厂合格证或当年的检验报告，安装前应对立柱、扣件、楞梁、吊环等材质进行检查，不符合要求的不得使用。

（4）模板工程应编制施工组织设计和安全技术措施方案，附有支架受力计算书、主要节点构造详图等。超高、超重和大跨度模板工程必须编制专项安全施工方案，并组织专家对其进行论证。严格按施工组织设计与安全技术措施的规定进行施工。安装完毕后，应组织进行检查验收。

（5）模板施工应设专人负责检查。

（6）高处安装和拆除模板时，周围应设安全网，搭脚手架，并加设防护栏杆。交通要道地区，应设警示牌，派专人看管。

（7）模板和配件不得随意堆放，模板应放平放稳，严防滑落。

（8）有关避雷、防触电和架空输电线路的安全距离，应符合本指南第10章临时用电的有关规定。

（9）模板安装时，上下应有人接应，随装随运，严禁抛掷。

（10）支模过程中如遇中途停歇，应将已就位模板或支架连接稳固，不得浮搁或悬空。拆模中途停歇时，应将已松扣或已拆松的模板、支架等拆下运走，防止构件坠落或作业人员扶空坠落伤人。

（11）作业人员严禁攀登模板、斜撑杆、拉条或绳索等，不得在高处的墙顶、独立梁或在其模板上行走。

（12）模板施工中应设专人负责安全检查，发现问题应报告有关人员处理。当遇险情时，立即停工并采取相应的应急措施，待修复或排除险情后，方可继续施工。

（13）当遇大雨、大雾、沙尘、大雪或6级以上风力等恶劣天气时，应停止露天高处作业和高空吊运作业。雨、雪停止后，及时清除模板和地面上的积水及冰雪。

16.2 满堂架支撑体系防护

满堂架支撑体系常用的有扣件式满堂架和碗扣式满堂架等，满堂支架外侧防护如图16.2所示。

图16.2 满堂支架外侧防护

16.2.1 支架基础

（1）支架基础施工前，应根据现场实际情况采取针对性的措施处理地基。

（2）支架地基表层1.2m范围内的土体必须达到 200kPa以上的强度，支架基础宜采用C20厚度不少于10cm的混凝土，并高于周边地表20～30cm，基础四周须设置排水沟，保证排水畅通。

（3）支架基础应尽量使用桥梁等建筑物本身的基础，如桥梁的桩柱、承台等均可利用，但注意不要损害建筑物本身的构件，并防止对构件外观造成缺陷。

16.2.2 支架架体

1）底座和顶托

（1）可调底座底板的钢板厚度不得小于6mm，可调托撑钢板厚度不得小于 5mm。

（2）可调底座及可调托撑丝杆与调节螺母啮合长度不得少于6扣，插入立杆内的长度不得小于150mm。

（3）托撑伸出长度以不大于 200mm 为宜。底座和托撑应密贴地面或楞梁，不得悬空或托空，如图16.2.2所示。

2）立杆、水平杆和扫地杆

（1）根据所承受的荷载效应组合，选择立杆间距和步距，扣件式支架立杆间距一般不大于 1.5m，碗扣式支架立杆间距一般不大于1.2m。

（2）扣件式支架立杆接头必须采用对接扣件连接，相邻两根立杆的对接接头不得设置在同步内，且对接接头沿竖向错开的距离不宜小于500mm，各接头中心距主节点不宜大于步距的1/3。横杆位置与立杆接头中心的垂直距离应小于150mm。

图16.2.2　托撑

（3）支架高度较高时，立杆底部应设置可调底座或固定底座；立杆上端包括可调螺杆伸出顶层水平杆的长度不得大于0.7m；立杆的垂直偏差不得大于架高的1/300。当搭设到墩身顶时，内排立杆要低于墩身40～50cm，外排立杆高出墩身顶 1～1.5m，搭设两道防护栏，并悬挂醒目安全网。

（4）支架底层必须设置纵、横向水平杆作为扫地杆，纵向水平杆宜设置在立杆内侧，长度不宜小于3跨，作业层上非主节点处的横向水平杆，宜根据支承脚手板的需要等间距设置，最大间距不得大于纵距的1/2。

（5）碗扣式支架扫地杆距地面高度应小于或等于350mm；扣件式支架纵向扫地杆应采用直角扣件，固定在距底座上面不大于200mm处的立杆上，横向扫地杆应采用直角扣件固定在紧靠纵向扫地杆下方的立杆上，严禁在施工中拆除扫地杆。

（6）纵向水平杆接长宜采用对接扣件连接，也可以采用搭接，如果采用搭接，搭接长度不小于1m，应设置3个旋转扣件固定。

（7）所有扣件的拧紧扭力矩不应小于45N·m，且不应大于60N·m。

3）剪刀撑、斜撑

（1）满堂支架设置的水平剪刀撑和竖向剪刀撑应符合设计要求，外围剪刀撑应从底至顶连续设置，采用旋转扣件与之相交的横向水平杆和立杆连接，旋转扣件中心线距主节点的距离不应大于150mm。

（2）剪刀撑宜采用搭接连接，搭接长度≥1 000mm，搭接处应用不少于2个旋转扣件等距连接。

（3）每道剪刀撑宽度应不小于4跨，且不小于6m，斜杆与地面倾角宜在 45°～60°。

16.2.3 支架模板

（1）支架模板可选用竹胶板或定型钢模，模板拼缝应整齐、直顺、美观，不得出现错台或漏浆现象。

（2）横坡、纵坡通过分布梁底部的托撑进行调整，U型托撑不得托空。

（3）支架模板应按1.1倍的荷载效应组合进行配重预压。

16.2.4 支架拆除

（1）拆除作业前，应制订安全措施，按顺序分段拆除码放，不得留有松动或悬挂的模板，严禁硬砸或用机械大面积拉倒。

（2）拆除模板不得双层作业。

（3）3m以上模板在拆除时，应用绳索拉住或用起吊设备拉紧，缓慢送下。

16.3 贝雷架支撑体系防护

16.3.1 地基要求

（1）地基承载能力应符合设计标准。

（2）支架基础的稳定性和承载能力应进行验算和检查，必须满足稳定性、承载能力和安全要求。

（3）支架搭设完毕后，应按设计组合荷载的1.2倍进行配重预压，如图16.3.1所示。

图16.3.1 配重预压

图16.3.2 钢立柱底座

16.3.2 钢立柱

（1）钢立柱应支撑在混凝土预制垫块上，立柱纵、横向间距和高度根据架体设计方案确定。

（2）底座与基础垫块预埋件焊接应牢固，同时进行横向和斜向连接固定，形成整体承重体系，如图16.3.2所示。

16.3.3 贝雷梁

（1）贝雷梁（图16.3.3-1和图16.3.3-2）吊装前应对贝雷梁拼装质量进行复检，吊装时严格按设计方案位置进行就位。

（2）跨径较大的贝雷梁拼装时，应增设加强悬杆，以增强贝雷梁的稳定性。

（3）贝雷梁就位后必须增设横向联系；两侧临空面必须采用设置限位的措施，防止侧向滑移；下方必须挂设兜网和密目式安全网预防高空坠物。

图16.3.3-1 贝雷梁实例

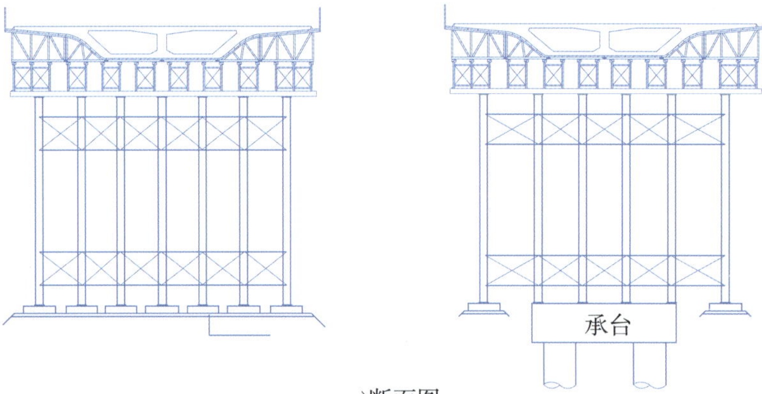

a)断面图

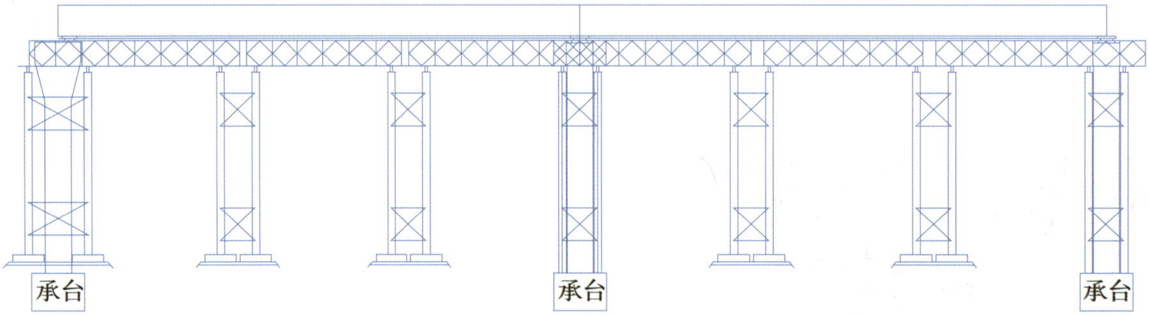

b)正面图

图16.3.3-2 贝雷梁示意图

16.4 登高设施

16.4.1 斜道

（1）搭设模板支架应设置人行斜道，人行斜道形式宜按下列要求确定：

①当高度小于5m 的支架，宜采用“一”字形斜道。

②当高度大于5m 的支架，宜采用“之”字形斜道。

（2）斜道构造应符合下列要求所示：

①上人斜道楼梯步距应保持一致，横杆和立杆外露长度不得超过100mm。

②斜道宽度一般为1m，休息平台宽度为1m，坡度保持在30°～45°，斜道应满铺脚手板，斜道两侧应设置双道防护栏杆和踢脚板。

③斜道外侧挂密目式安全网封闭，斜道的侧立面应设剪刀撑。

斜道构造及实例如图16.4.1-1和图16.4.1-2所示。

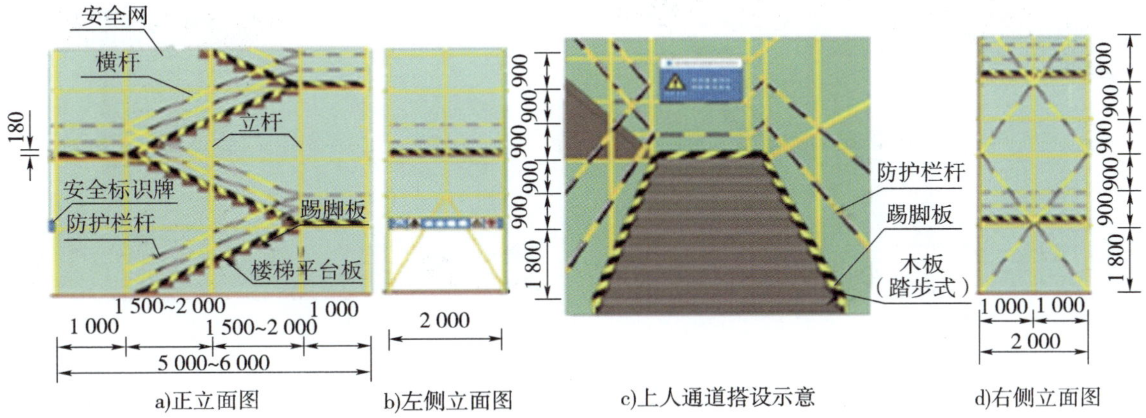

图16.4.1-1　斜道构造图（尺寸单位：mm）

图16.4.1-2　斜道实例

16.4.2　标准梯笼

（1）梯笼（图16.4.2）基础应平整硬化，周边做好排水设施。梯道宽度不得小于0.9m，坡度不得大于1：1，节段不得高于2.5m，高度每超过4m应设置一道与立柱连接的水平加强件。

（2）梯笼投入使用前，应进行“双挂牌”验收，按规定设置好双层防坠棚，梯笼仅供人员上下使用，不得用作材料运输通道。

16.4.3 登高车

（1）无支架立柱施工可采用登高车方式上下，如图16.4.3所示。

（2）使用登高车要确保地基平整压实，保障车体稳定，登高作业时登高作业人员不得超过两人。

图16.4.2 标准梯笼

图16.4.3 登高车

17 脚手架防护

17.1 一般规定

（1）操作人员必须是经过考核合格的专业架子工。上岗人员应定期体检，合格者方可持证上岗。作业时应佩戴安全帽、系安全带、穿防滑鞋。

（2）作业层上的施工荷载应符合设计要求，不得超载。不得将模板支架、缆风绳、泵送混凝土和砂浆的输送管等固定在脚手架上；严禁悬挂起重设备。

（3）脚手架验收合格后，应按规定设置安全警示标志牌等，如图17.1所示。

图17.1 安全警示标志牌

（4）脚手架使用期间，严禁擅自拆除架体结构杆件；如需拆除必须修改施工方案，并报请原方案审批人批准，确定补救措施后方可实施。

（5）严禁在脚手架基础及邻近处进行挖掘作业。

（6）临街搭设脚手架时，外侧应有防止坠物伤人的防护措施。

（7）在脚手架上进行电、气焊作业时，必须有防火措施和专人看守。

（8）工地临时用电线路的架设及脚手架接地、避雷措施等，应按本指南第10章的有关规定执行。

（9）搭拆脚手架时，地面应设围栏和警戒标志，并派专人看守，严禁非操作人员入内。

（10）遇六级及以上大风、雨雪、大雾天气时，应停止脚手架的搭设与拆除作业。雨、雪后上架作业应有防滑措施，并扫除积雪。

17.2 脚手架搭设构造要求

（1）各种脚手架应根据施工要求选择合理的构架形式，并制定搭设、拆除作业的程序和安全措施。

（2）脚手架材料及配件应符合下列规定：

①钢管材质应符合Q235-A级标准，不得使用有明显变形、裂纹、严重锈蚀材料。钢管规格宜采用ϕ48mm×3.5mm，亦可采用ϕ51mm×3.0mm钢管。

②同一脚手架中，不得混用两种材质，也不得将两种规格钢管用于同一脚手架中。

③扣件应与钢管管径相配合，并符合国家现行标准的规定。

（3）钢管脚手架连接材料应使用扣件，接头应错开，螺栓应紧固。立杆底端需使用立杆底座。

（4）脚手板必须铺满、绑牢，无探头板，并牢固地固定在脚手架的支撑上。脚手架的任何部分均不得与模板相联。

（5）脚手架作业层外侧，应按规定设置防护栏杆和挡脚板。敷设的安全设施应经常检查，确保操作人员和小型机械安全通行。

（6）脚手架应按规定采用密目式安全立网封闭，如图17.2所示。并在作业层和通道外侧设置踢脚板。脚手架上的材料和工具应堆放整齐，积雪和杂物应及时清除。有坡度的脚手板，可加设防滑木条。

图17.2　脚手架安全网

（7）落地式脚手架的基础应坚实、平整，并定期检查。立杆不埋设时，每根立杆底部应设置垫板或底座，并设置纵、横向扫地杆。纵向扫地杆应采用直角扣件固定在距底座上皮不大于200mm处的立杆上。横向扫地杆应采用直角扣件固定在紧靠纵向扫地杆下方的立杆上。脚手架底层步距不大于2m。脚手架立杆横距不大于1.5m，纵距不大于1.8m。立杆必须用连墙件与建筑物可靠连接。

（8）脚手架高度大于10m时，应按规定设置缆风绳。缆风绳的地锚应设围栏。

（9）搭设在水中的脚手架，应经常检查受水冲刷情况，发现松动、变形或沉陷应及时加固。脚手架上作业人员应佩戴就生设备。

17.3　脚手架拆除防护

（1）拆除脚手架时，应自上而下拆除，不得上下双层同时作业。

（2）拆除的脚手杆、板应用人工传递或吊机吊送，严禁随意抛掷。

18 跨线施工安全防护

18.1 一般规定

（1）凡桥梁施工下方道路均应搭设跨线桥梁安全防护棚。防护棚选用如表18.1-1所示。

表18.1-1 防护棚选用推荐表

公路等级		类　型	防护棚形式
高速公路、一级公路	三车道以上、两车道弯道	承重	桁架支撑体系
	两车道		桁架或满堂支架
	三车道以上、两车道弯道	非承重	桁架
	两车道		脚手架
二级公路以下	两车道	承重	桁架或满堂支架
	两车道	非承重	脚手架

（2）安全防护棚必须具备较强的防砸、抗冲击的能力。搭设方案必须由施工单位技术负责人审核并组织专家论证审查通过，由总监理工程师批复同意后方可施工。施工完成后应组织验收，并在验收记录上签字。

（3）现场作业车辆、机械必须配备作业警示灯。现场作业人员须穿戴具备反光或部分反光性能的安全服和安全帽。

（4）跨线作业交通安全标志必须按照现行《道路作业交通安全标志》（GA 182）规定设置，施工前应编制专项方案报有关部门批准后实施。

（5）安全防护棚长度必须大于自由坠落的防护半径，如图18.1-1所示。跨线桥坠落高度、防护等级和防护半径分类情况如表18.1-2所示。

a)俯视图　　b)长度侧视图

图18.1-1　安全防护棚

表 18.1-2　跨线桥坠落高度、防护等级和防护半径分类

序　　号	坠落高度	防护等级	防护半径
1	2 ~ 5m	一级	2m
2	5 ~ 15m	二级	3m
3	15 ~ 30m	三级	4m
4	30m 以上	特级	5m 以上

（6）当上部施工高度超过24m时，下方应设间距600mm的双层防护棚，必须满铺能承受大于10kPa的均布静荷载的材料，或50mm厚木板或符合要求的其他材料，如图18.1-2所示。

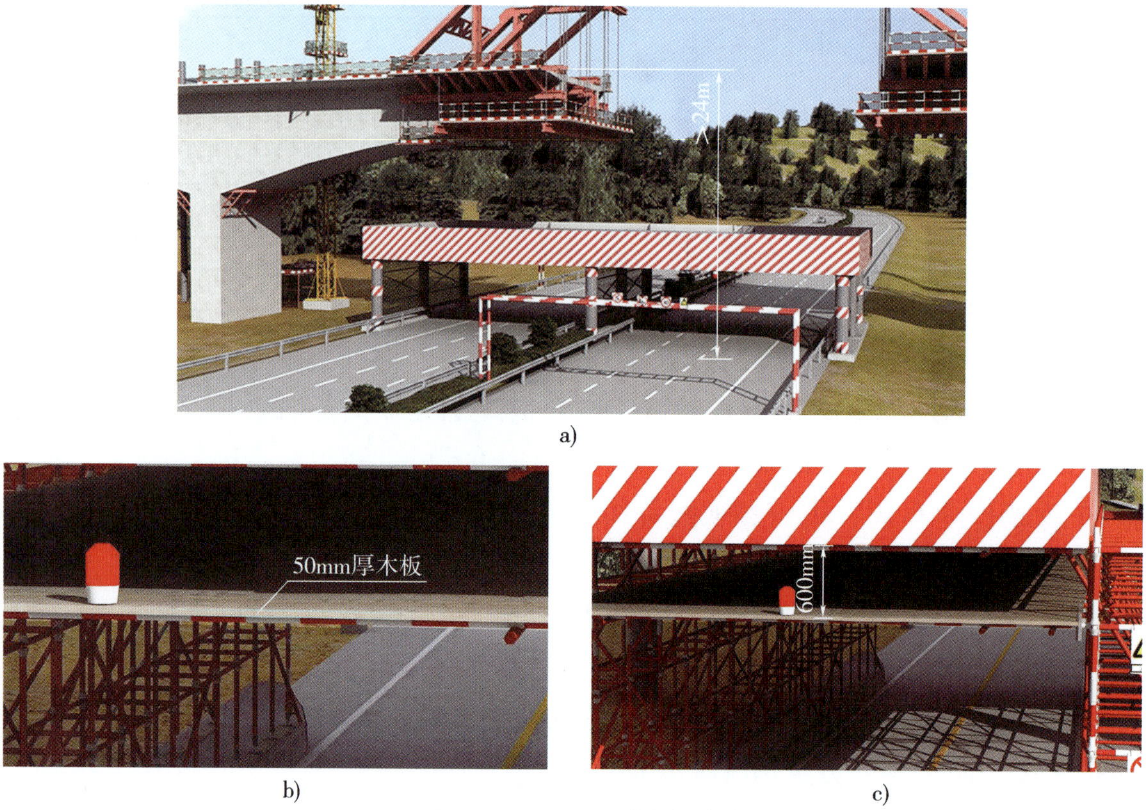

图18.1-2　安全防护棚安全距离图

18.2　桁架式安全防护棚

（1）严格按批复的交通布控方案进行交通疏导，合理安排现场管理人员和布控交通安全设施，如图18.2-1所示。

（2）在防护棚搭设位置周边的导行路段内，各种导行设施应齐全，标志应明显，标

线应准确，有条件的区域还可设置减速带。对施工区域应尽可能进行封闭，无法封闭的应采用警示路锥、反光水马等进行现场围拦，如图18.2-2和图18.2-3所示。

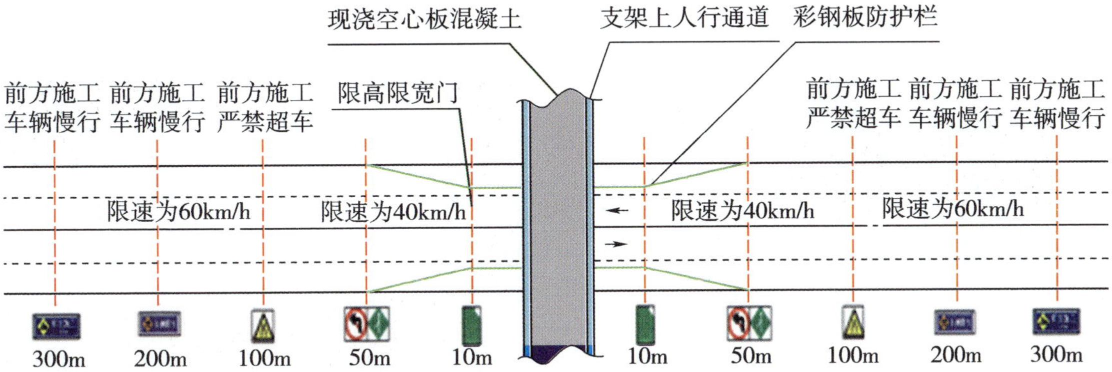

图18.2-1 交通标志和标线布置

图18.2-2 导行路段示意图

图18.2-3 导行路段实例

（3）基础一般采用钢筋混凝土结构，其外观尺寸和强度应按照满足防碰撞的要求进行设计和施工，且满足承载力要求。周边应做好防水，如图18.2-4所示。

图18.2-4 防护棚防水措施

（4）防护棚两端支墩立柱须及时贴红白相间反光膜或涂反光漆，钢管立柱侧面张挂安全网，如图18.2-5和图18.2-6所示。

（5）防护棚必须按坠落半径设置挑檐长度，双层防护棚顶板四周设钢管架与纵横梁可靠联系，并安装彩钢板，其上贴红白相间反光膜或刷反光漆，其上沿需超出防护棚顶板顶面0.6m 形成封闭围护，以防止跨线桥梁上部物件及施工材料抛物坠落影响下方行车安全，如图18.2-7和图18.2-8所示。

图18.2-5　防护棚立柱设置

图18.2-6　防护棚立柱设置

图18.2-7　防护棚顶棚施工

图18.2-8　防护棚顶棚设置

（6）按照现行《道路交通标志和标线》（GB 5768）的规定及交通管理部门的要求，在通车门洞前后 10m 处各搭设一座限高门架，限高4.5m，采用组合桁架梁搭设。跨中设置车辆限高、限宽、限速等标志牌，如图18.2-9和图18.2-10所示。

图18.2-9　限高门架设置

图18.2-10　限高门架正面图

（7）防护棚应设置轮廓灯、警示灯、爆闪灯等设施。在夜间警示灯应持续亮灯，通道内须保证充足的照明，如图18.2-11所示。

图18.2-11　防护棚夜间灯光设置

18.3　钢管脚手架式安全防护棚

（1）防护棚应采用外径ϕ48～51mm、壁厚为3.5mm的钢管扣件脚手架或其他型钢材料搭设，严禁采用竹木杆件搭设。

（2）立杆基础必须作硬化处理，底座加 50mm 厚垫板，如图18.3-1所示，立杆必须沿通行方向设置扫地杆和剪刀撑，侧面立杆间距不大于2m，如图18.3-2所示。水平横杆第一道距地600mm，第二道起间距1 500mm，如图18.3-3所示，防护棚横向悬挑尺寸为0.3～0.5m。外侧斜撑挂密目网。

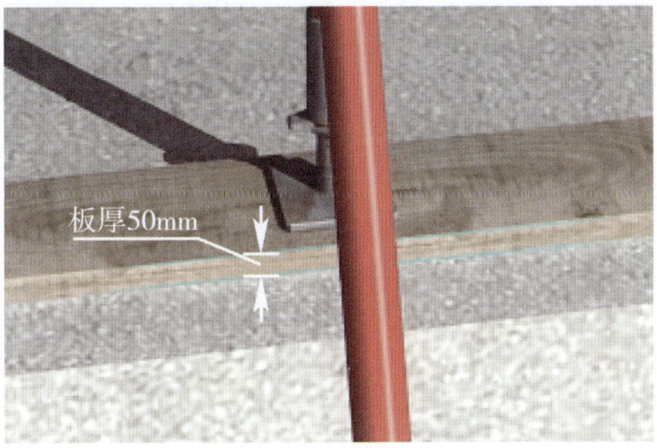

图18.3-1　防护棚立柱基础

图18.3-2　斜撑立柱

（3）防护棚净空高度和宽度，应根据通道所处位置及人、车通行要求确定， 高度不低于3.5m，宽度不小于3m，如图18.3-4所示。

（4）宽度超过3.5m或高度超过4m的防护棚，立杆间距应加密或使用双立杆、型钢、脚手架等格构式立柱，纵向横杆应采用型钢制作或搭设承重脚手架。

（5）安全通道檐板侧面应粘贴间距 300mm 红白相间的反光膜或刷反光漆，如图18.3-5所示。

（6）防护棚两侧边应设置反光水马等设施，引导行人从安全通道内通过，必要时满挂密目网封闭。

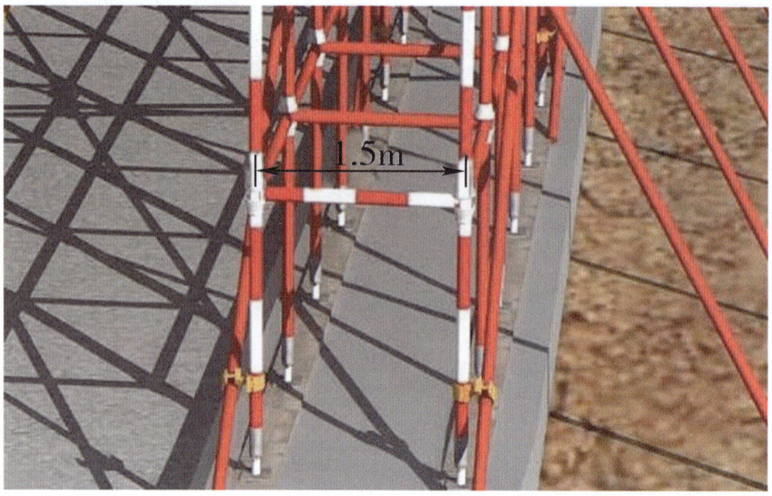

图18.3-3　立柱尺寸

图18.3-4　防护棚

图18.3-5　安全通道

19 沉箱出运安全防护

19.1 一般规定

（1）沉箱出运前必须制定沉箱出运专项方案。

（2）六级以上大风，波高大于等于1m，或大雾视线不良时，禁止出运作业。

（3）沉箱出运过程中应设专人指挥，各部位人员宜使用对讲机保持联络。船舶、机械、电气设备等操作人员必须严格执行有关安全操作规程，统一服从指挥口令。

（4）沉箱出运场地必须满足沉箱荷载要求，沉箱出运前必须检查确认出运路线中无杂物和障碍物等。

（5）沉箱移运应缓慢启动、匀速运行，牵引绳两侧严禁站人。使用夹轨器、顶推器顶推沉箱时，夹轨器必须固定牢固，顶推平稳。沉箱出运施工操作中高压油管线、钢丝绳较多，应随时检查其可靠性。

（6）沉箱下水或上半潜驳、浮坞前，应对通水阀门操纵系统进行检查，对沉箱、通水阀门进行渗漏水检查（通常在焊接前对阀门进行渗漏试验和水头差试验即水下气密性试验，主要检查连通孔是否畅通、连通舱格设置是否正确、沉箱舱格内有无影响过水的漂浮物、沉箱阀门是否开关自如、沉箱阀门的引出装置焊接是否牢靠等内容，最后在预制场盖沉箱出运临时封舱盖板）。

（7）沉箱处于漂浮状态之前，应按规定向沉箱各舱格内注水，并满足浮游稳定的要求。

（8）严禁用人工打开电磁控制制动器实现溜放。钢丝绳在卷筒上必须排列整齐，作业中最少需保留5圈。

（9）沉箱使用半潜驳或浮坞出运时，出运码头应设置与半潜驳、浮坞相匹配的座底构筑物和系缆设施。半潜驳、浮坞必须按照规定靠泊、座底平稳。

19.2 千斤顶顶升

（1）沉箱顶升应按确定的顶升位置摆放千斤顶并与荷重面垂直，顶部与沉箱的接触面间应加防滑垫层，基础必须满足工作荷载要求。

（2）千斤顶应分级加荷、同步起升、控制顶升速度和高度，任何人不得站在安全栓的前面。

（3）沉箱稍起后要检查有无异常情况，如无异常情况才能继续顶升。

（4）在顶升的过程中，应随着重物的上升在沉箱下加设保险垫层，到达顶升高度后及时将沉箱垫牢。

（5）千斤顶不得长时间在无人看管情况下承受荷重。

（6）千斤顶的下降速度必须缓慢，严禁在带负荷的情况下突然下降。

（7）使用千斤顶起、落沉箱过程中，应检查其高压油管有无破损，各部位人员必须听从统一指挥信号，千斤顶保持同步工作状态。

19.3 沉箱溜放

（1）定期对滑道行车轨道进行沉降及轴线位移检测与调整，沉箱溜放前，应对轨道、斜架车、场地，尤其是水下部分的轨道有无障碍物等进行检查清理，确认无误后方能进行溜放作业。

（2）沉箱上斜架车后，立即进行固定，确认各部位无误后方可溜放。沉箱溜放过程中，作业人员必须坚守岗位，听从指挥，非参加溜放人员必须退出溜放区。

（3）当沉箱溜放到沉箱吃水1/3时应开慢车，用斜架车溜放沉箱的下滑速度一般控制在15～20m/min。

（4）沉箱下水后严格掌握吃水深度及压水情况，防止沉箱过早起浮。沉箱下滑压水起浮后，应使斜架车继续下滑一段距离后再行拖运沉箱。沉箱溜放见图19.3。

图19.3 沉箱溜放

19.4 沉箱顶推

（1）顶推沉箱时，操作人员必须观察顶推压力表示数，一旦压力表示数超过规定压力立即停止顶推，及时排除故障。

（2）当出现夹轨器未夹紧情况时，必须马上停止顶推并对夹轨器进行调试，严禁用一面夹轨器进行顶推。

（3）顶推进行中沉箱操作人员应观察夹轨器、千斤顶行进情况，以及水管、液压油管位置。

（4）沉箱顶推过台座前端短轨时，沉箱两边人员应观察夹轨器通过情况，一旦夹轨器未通过短轨接缝，或者夹轨器通过接缝时被弹起，及时用对讲机通知操作人员。操作人员应立即停止顶推，并调整夹轨器到位。

（5）沉箱顶推到安放的位置后，沉箱前端人员应用对讲机立即通知操作人员，操作人员立即停止顶推，严禁顶推超过规定的沉箱安放位置。图19.4所示为沉箱顶推。

图19.4　沉箱顶推

19.5 台车移运

（1）移运前必须检查连接短梁和出运船舶上的钢轨以及台车轨道是否对接良好，轨道两侧有无杂物，固定轨道的垫板有无松动现象，见图19.5。

（2）沉箱每前进2m停一次，检查台车或滑板在滑道上的运行情况，出运船舶牵引绞车运行时，应用低速挡。

（3）沉箱上船期间，应注意顶推、牵引速度，速度应小于0.5m/min，并观察各连接部位是否正常。

（4）沉箱上船后应及时加固，特别是侧面加固点必须保证有专人检查。

图19.5　沉箱移运

19.6　气囊出运

（1）应对沉箱移运的前后牵引系统、锚定设施、高压气囊等进行受力核算。

（2）气囊充气或放气应同步、缓慢进行，避免部分气囊超过额定压力。作业人员不得站在空压机输气管口或气囊充气嘴前方。高压气囊充气过程中，工作人员应远离气囊5m以上。气囊放气过程中气嘴后面不允许站人。

（3）气囊顶升过程中，当沉箱离开底胎后，对所有气囊的压力和高度进行检查，发现气囊压力或高度不一致时可向单个气囊充气，使各个气囊压力或高度基本一致。

（4）陆上气囊移运构件的前后牵引系统应配置同型号的卷扬机，牵引速度宜为1.2～1.5m/min，且应同步作业。移运中，钢丝绳两侧不得站人，并不得跨越行走。

图19.6　气囊出运

（5）沉箱移运过程中，信号不明或发现异常情况应立即停止移运。沉箱停滞时间超过1h时，应用支撑物将四周垫实，同时气囊排气减压，尽可能地使沉箱全部力量作用于支撑物上，禁止气囊较长时间受压。

（6）气囊移运沉箱上船时，必须在船舶与码头之间铺设钢板。图19.6为气囊出运。

20 隧道施工作业防护

20.1 一般规定

（1）隧道洞内通风应编制专项施工方案，并按批准的方案配置通风设施。隧道通风机及通风管应设置专人定期维护、修理。

（2）隧道施工时应做好洞内排水，保证积水能及时、顺畅排出。

（3）隧道施工中应按照要求检测有毒有害气体。高瓦斯隧道应严格按照相关规定配置防爆设备和设施。

（4）隧道内坑洞、临边部位等应设立防护栏及醒目的安全警示标志。

20.2 门禁管理

（1）隧道洞口处必须设置值班室（监控室），有专人24h值班，对进出洞人员和机械进行登记管理，见图20.2-1。

图20.2-1 隧道人工值班室

（2）1km以上隧道宜配置电子门禁系统和电子安全监控系统，如图20.2-2和图20.2-3所示，其他隧道可参照使用。

（3）洞口应设置人行通道、车行通道，做到人车分流。

图20.2-2　隧道门禁系统

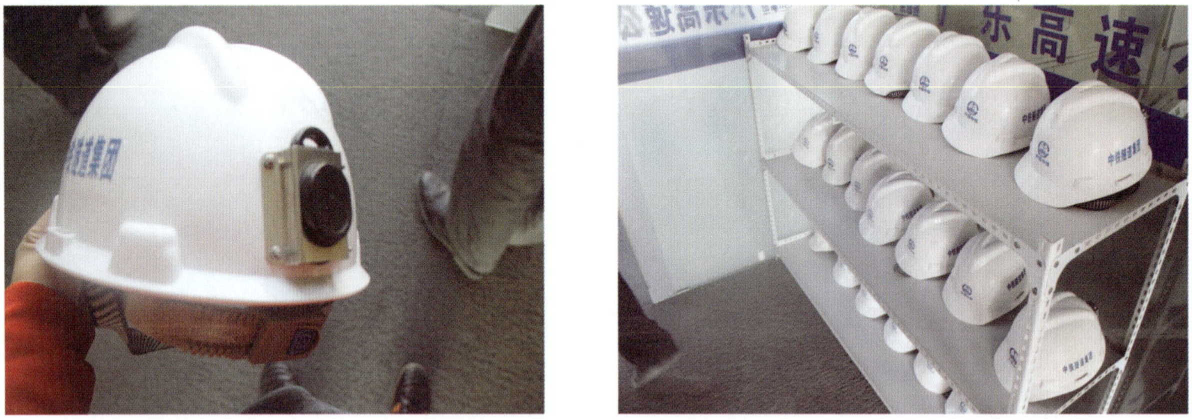

图20.2-3　隧道人员追踪感应器

20.3　超前地质预报和监控量测

（1）承担地质超前预报的单位应具备相应的资质。

（2）地质预报实施前，地质预报单位应编制预报实施大纲，并按程序审查。地质超前预报的主要内容包括：地层岩性预测预报，地质构造预测预报，不良地质预测预报，地下水预测预报。

（3）监控量测实施前，应结合隧道情况，制订施工全过程量测方案。监控量测主要包括：周边位移、拱顶下沉和地表下沉等。对量测数据应及时进行分析、处理（图20.3）。

（4）超前地质预报成果和监控量测数据应及时反馈施工、监理、设计单位，做到动态设计、动态施工、动态管理。

（5）施工单位应积极利用地质超前预报和监控量测成果，发现异常，及时采取有效措施。

图20.3　超前地质预报和监控量测

20.4　隧道施工防护

隧道台车防护主要包括以下内容。

（1）衬砌台车、工作台车上应铺满木板并设安全栏杆。

（2）工作台架下净空必须符合设计要求，两端应设不低于1m 的栏杆和人员上下的梯子。

（3）隧道作业台车应安装防护彩灯或反光标志，确保车辆通行安全，台架上应配置消防器材，见图20.4。

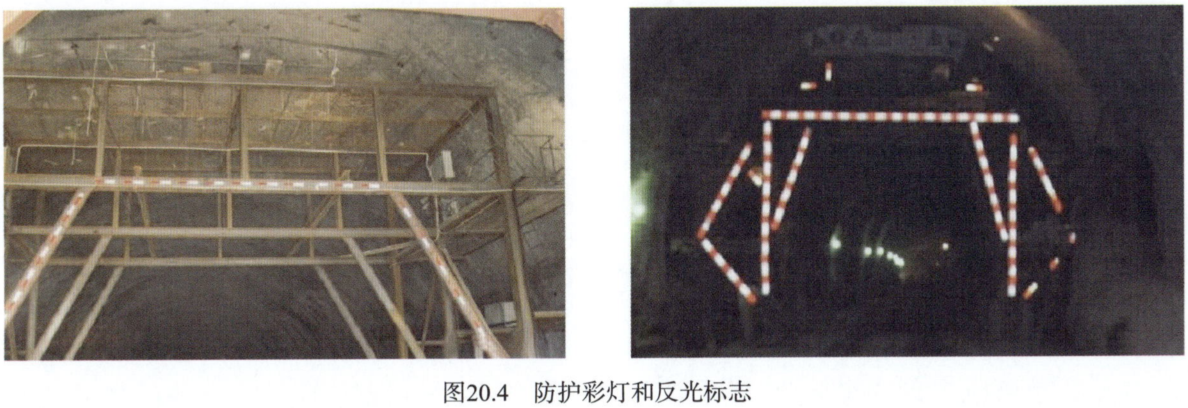

图20.4　防护彩灯和反光标志

（4）台车上宜放置急救箱，包括饮用水、面包、手电、口哨、无线对讲机和一些急救药品。

20.5 隧道逃生通道

（1）软弱围岩地段应设置逃生通道；

（2）二次衬砌与掌子面之间、掌子面距仰拱之间的安全步距不得小于设计及规范规定的距离。在隧道开挖掌子面至二次衬砌之间，应设置逃生通道，随着开挖进尺不断前移，逃生通道距离开挖掌子面应不大于20m。

图20.5-1 逃生救援通道

（3）保障逃生通道的刚度、强度及抗冲击能力。通常使用的钢管的内径为ϕ800mm 、壁厚大于6mm，每节管长宜为5m，如图20.5-1所示，也可通过验证后，使用其他新材料制成的逃生通道，但必须满足相应的安全性能要求。

（4）在每节钢管距端头1.5m 处各设一个吊环，焊接在同一纵断面上。在吊环垂直方向，位于钢管1/2 高度处的管端焊接连接钢板，中间设连接孔，用U形插销将两节钢管连接，连接细部如图20.5-2所示。

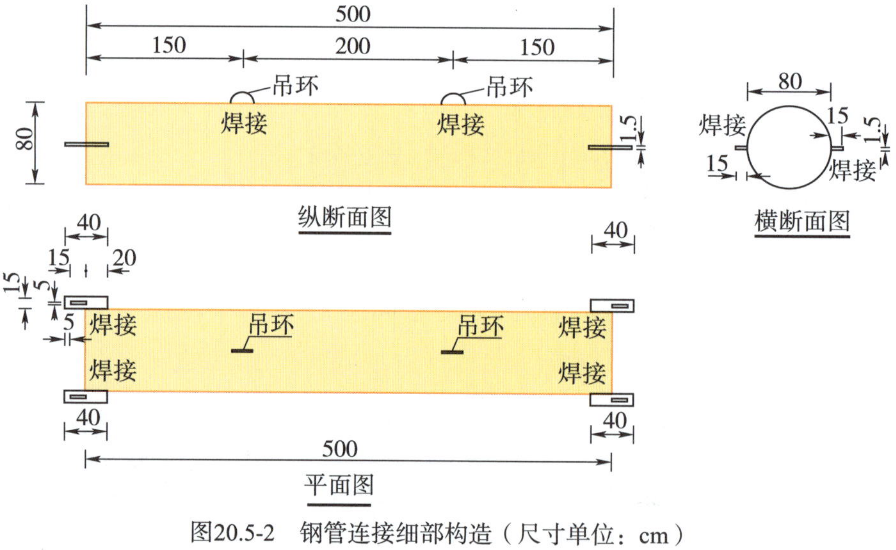

图20.5-2 钢管连接细部构造（尺寸单位：cm）

20.6 安全预警系统

隧道内应设立安全预警系统。当隧道发生险情或等级事故时，及时用声响和安全指示灯通知人员撤离或启动应急预案，可利用四种颜色指示灯标明不同地质条件的施工风险等级，如图20.6所示。

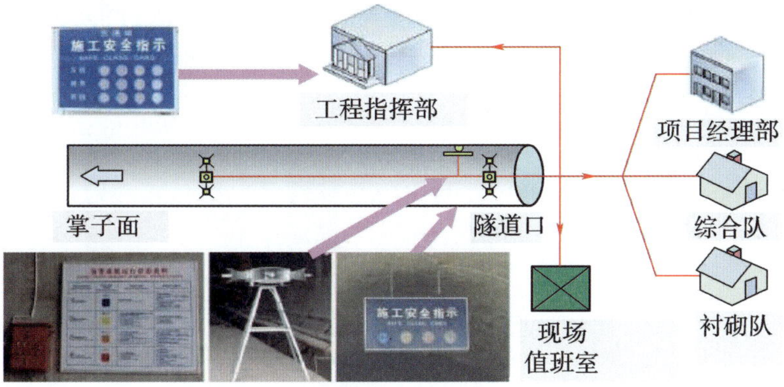

图20.6　施工风险等级指示灯示意图

20.7　视频远程监控系统

隧道施工宜设立远程监控成像系统，24h不间断地对工程实施全过程连续监控，随时掌握现场情况，指挥、调度、协调组织施工，并以成像方式积累第一手现场施工情况资料。现场应选择高清防爆摄像头，内置存储加远程传输、多级实时访问的视频系统，如图20.7所示。

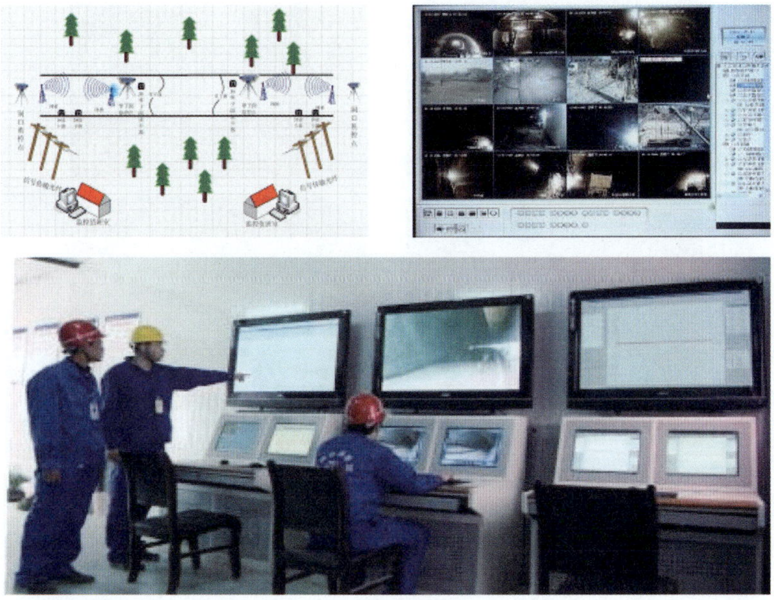

图20.7　视频远程监控系统

20.8　隧道通信系统

隧道内应保持通信畅通，间隔一定距离设立有线电话报警平台（图20.8），同时与当地移动通信公司联系合作，提前安装移动通信小基站，设立移动通信洞内信号延伸系统，利用移动通信技术手段，增强通信信号，确保应急联络快捷畅通。

图20.8　有线电话报警平台

20.9　应急逃生路线灯视引导系统

隧道内宜设立应急逃生路线灯视引导系统（图20.9），统一预警设施安全管理，规范应急逃生路线，确保紧急情况下逃生路线各种预警设施、视觉指示的正确性和有效性，同时还应配套安装防突水伤害闸门。

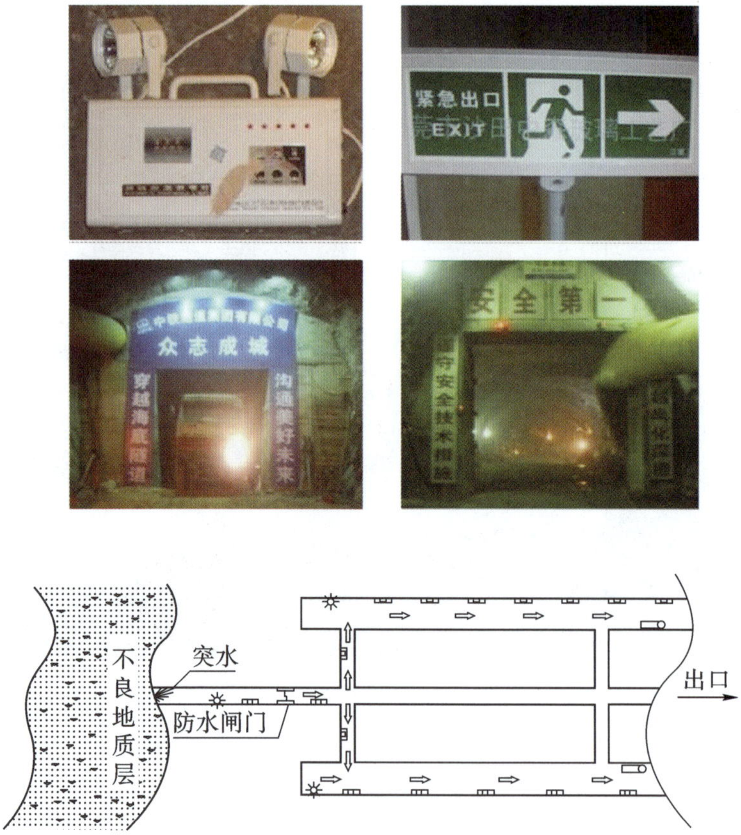

▭ 应急灯　※报警装置　▭ 救护车　⇨ 逃生路线

图20.9　应急逃生路线灯视引导系统

附　　录

附录A　安全生产管理资料

安全生产管理资料是施工安全管理活动的真实记录，是总结安全生产经验和教训的主要依据，也是考核工程参建单位安全生产目标管理和安全责任的重要载体，是施工安全标准化的重要组成。

1）安全生产资料管理应遵循全面、真实准确、归档及时的原则。工程参建单位应按要求进行归档，档案盒应有类别标签、细分标签和卷内目录。现场施工安全生产管理活动的各类资料和记录，应有效保存至工程竣工之日后的一年。

2）工程参建单位应完整收集各类资料，确保资料和记录及时、有效、真实。

3）工程参建单位应按职责分工落实安全生产管理资料和记录编制、填写、审核、审批、收集、保管的责任。

4）安全生产管理资料和记录的填写与制作应当符合以下条件：

（1）真实完整，字迹清楚，签章规范，不得随意涂改，并具有一致性和可追溯性；

（2）随工程施工同步形成，分类归集保管，直至工程竣工交付后处理或归档；

（3）采用信息化管理技术。

5）建设、监理、施工单位主要安全生产管理资料见附表A.1~附表A.3。

附表A.1　建设单位主要安全生产管理资料一览表

类　　别	内　　　　容
安全生产组织与管理	工程项目安全生产领导小组成立文件，组织机构图； 安全生产领导小组成立文件，组织机构图； 管理人员名册，各岗位职责资料； 相关人员资格材料； 各类经济合同（有安全指标的）； 各类上级主管部门、企业本部等单位安全方面文件台账； 安全生产目标和考核指标； 安全例会纪要，安全生产其他专题会议纪要
安全生产责任制及考核	工程项目安全生产责任书； 工程项目安全生产总目标； 安全生产责任书，安全生产责任制考核奖惩资料
安全生产管理制度	建设单位安全生产制度汇编

续上表

类　　别	内　　容
安全生产条件审查类	施工单位安全生产许可证等资质台账及资料； 施工单位“三类人员”台账及资料； 监理单位安全监理人员台账及资料
安全检查类	安全事故隐患排查、登记、整改和验收销号记录； 安全日常检查和整改记录； 上级部门的安全检查通报或整改文件
安全生产专项费用管理类	安全生产专项费用使用计划资料； 安全生产专项费用明细及支付凭证
“平安工地”考核评价类	考核评价自评表及相关材料
安全生产应急管理类	项目总体应急预案； 应急救援预案演练记录； 安全生产事故台账
安全教育类	安全培训教育计划； 安全教育记录； 年度培训考核记录
其他法律法规规定的资料	

附表A.2　监理单位主要安全生产管理资料一览表

类　　别	内　　容
安全生产组织与管理	安全生产领导小组成立文件，组织机构图； 监理人员名册，各岗位职责资料； 总监理工程师、安全监理工程师相关人员资格材料台账及材料； 各类经济合同（有安全指标的）； 各类上级主管部门、企业本部、建设等单位安全方面文件台账； 安全生产目标和考核指标； 安全生产监理计（规）划和监理细则； 安全例会纪要，以及其他安全生产专题会议纪要； 安全监理台账； 安全监理日志；
安全生产责任制及考核	安全生产责任书，安全生产责任制考核奖惩资料；
安全生产管理制度	安全生产制度汇编
安全生产条件审查类	施工单位安全生产许可证等资质台账及资料； 施工单位“三类人员”台账及资料
安全检查类	安全事故隐患排查、登记、整改和验收销号记录； 安全日常检查和整改记录； 专项安全检查计划及相关资料； 上级部门的安全检查通报或整改文件； 隐患通知单及隐患整改回复单等
“平安工地”考核评价类	考核评价自评表及相关材料
安全生产专项费用审查类	审查安全生产专项费用使用计划资料； 审查施工单位安全生产专项费用明细及支付凭证资料；

续上表

类 别	内 容
安全技术措施和专项方案审查类	审查施工组织设计的安全技术措施资料； 审查各类专项施工方案资料； 审查临时用电组织设计资料
安全教育类	安全培训教育计划； 安全教育记录； 年度培训考核记录
其他法律法规规定的资料	

附表A.3 施工单位主要安全生产管理资料一览表

类 别	内 容
安全生产组织机构	安全生产领导小组成立文件，组织机构图； 管理人员名册、各岗位职责资料； 安全生产许可证等资质材料，证书原件或复印件； “三类人员”进出场管理台账，证书原件或复印件
安全生产责任制及考核	安全生产责任书，安全生产责任制考核资料
安全生产管理制度	施工单位安全生产制度汇编； 各工种安全技术操作规程
安全生产管理类	各类经济合同（有安全指标的），包括与分包或租赁单位签订的分包协议及安全合同等； 各类施工手续； 各类上级主管部门、企业本部、建设等单位安全方面文件台账； 安全生产目标和考核指标； 安全例会纪要，以及安全生产其他专项会议纪要； 项目负责人带班计划及相关资料； 施工安全日志
安全技术类	施工组织设计的安全技术措施； 各类专项施工方案； 超过一定规模危险性较大的分部分项工程专项施工方案的专家论证资料； 临时用电组织设计（临时用电专项方案）
安全检查类	安全事故隐患排查、登记、整改和验收销号记录； 安全事故隐患排查治理方案； 安全日常检查和整改记录； 专项安全检查计划及相关资料； 上级部门的安全检查通报或整改文件
“平安工地”考核评价类	考核评价自评表及相关材料
安全生产专项费用类	安全生产专项费用使用计划资料； 安全生产专项费用明细及支付凭证资料

续上表

类　别	内　容
施工机械管理类	施工机械分类管理台账及出场合格证，检验验收、安装拆除等资料； 施工机械保养、维修记录； 特种设备台账，及出场合格证，检验验收、安装拆除等资料； 特种设备保养、维修记录
安全防护用品及消防类	安全用品台账； 领取、更换、报废台账； 消防器材台账，消防器材分布图
危险品管理类	危险品台账； 管理人员相关资格证明材料； 领取、使用、位置等资料
风险管理类	危险源辨识，重大危险源登记，监控管理方案等资料； 风险评估报告； 危险告知书等资料
技术交底类	安全生产管理技术交底书及记录； 各工种安全技术交底书及记录； 危险性较大的分部分项工程安全技术交底书及记录； 施工现场临时用电技术交底书及记录； 采用新工艺、新技术、新材料的安全交底书及记录
安全教育类	安全培训教育计划； 安全教育记录； 施工管理人员年度培训考核记录； 新入场人员三级安全教育考核记录； 专职安全员年度培训考核记录； 特种作业人员培训考核记录； 班前安全活动记录
人员管理类	全员劳动用工登记及信息资料； 特种作业人员台账，从业资格证原件或复印件； 意外伤害保险
应急管理类	施工合同段总体应急预案； 专项应急预案； 现场处置方案； 应急救援预案演练记录； 安全生产事故报告台账
安全标志类	施工现场安全标志布置总平面图； 分阶段现场安全标志布置平面图； 施工现场消防设施布置图
其他法律法规规定的资料	

附录B　常用风险评估方法特点

本附录总结了风险评估常用的技术方法，供风险评估人员参考（附表B）。评估人员应根据评估目的、评估对象特点，确定可行的评估工作组织形式，合理选用评估方法，也可选用本附录以外的其他方法，鼓励创新。

附表B　常用风险评估方法

分类	名称	优点	缺点	适用范围
定性分析方法	专家评议法	简单易行，比较客观。所得结论比较全面、正确，能够对各种模糊的、不确定的问题做出较为准确的回答	易受主观因素的影响，有可能使结果产生偏差，容易偏保守	该方法适用于难以借助精确的分析技术而可依靠专家的集体直观判断进行预测的危险源分析问题
	专家调查法（包括智暴法、德尔菲法）	可防止由于专家多而产生当面交流困难、效率低。避免因权威作用或人数多而压倒其他意见多次征询意见	由于专家不能当面交流，缺乏沟通，可能会坚持错误意见。由于是函询法，且又多次重复，会使某些专家最后不耐烦而不仔细考虑填写。具有专家评议法的缺点	难以借助精确的分析技术而可依靠集体的直观判断进行预测的风险分析问题。 问题复杂、专家代表不同的专业并没有交流的历史。 受时间、经费限制，或因专家之间存有分歧、隔阂不宜当面交换意见
	“如果……怎么办”法（if then）	经济有效，可充分发挥专业人员的知识特长、集思广益，可找出一个工程所存在的危险、有害性及其程度，提出消除或降低其危险性、有害性的对策措施，比较醒目、直观	该方法要求参与人员要熟悉工艺、设备，并且要收集类似工程的有关情况，以便分析，综合判断。 该方法对于较大的系统进行分析时，表格数量多，工作量大，且容易产生错漏	该方法既可适用于一个系统，也可以适用于系统中某一环节，适用范围较广。但不适用于较大系统分析，只适用于系统中某一环节或小系统分析
	失效模式和后果分析法	对于一个系统内部每个不见的失效模式或不正常运行模式都可进行详细分析，并推断它对于整个系统的影响、可能产生的后果及如何才能避免或减少损失	只能用于考虑非危险性失效，花费时间，一般不能考虑各种失效的综合因素	可用在整个系统的任何一级，常用于分析某些复杂的关键设备
半定量分析法	事故树法	对导致灾害事故的各种因素及逻辑关系能做出全面、简洁和形象的描述	事故树法步骤较多，计算较复杂。 便于查明系统固有的或潜在的各种危险因素，为设计、施工和管理提供科学依据	事故树法应用比较广，非常适合于复杂性较大的系统。 在工程设计阶段对事故查询时，都可以使用此法对它们的安全性做出评价

续上表

分类	名称	优点	缺点	适用范围
半定量分析法	事故树法	便于查明系统内固有的或潜在的各种危险因素，为设计施工和管理提供科学依据。 便于进行逻辑运算，进行定性、定量分析和系统评价	便于进行逻辑运算，进行定性、定量分析和系统评价	事故树法经常用于直接经验较少的危险源辨识
	事件树法	事件树法是一种图解形式，层次清楚、阶段明显，可进行多阶段、多因素复杂事件动态发展过程的分析，预测系统中事故发生的趋势	在国内外数据较少，进行定量分析还需做大量的工作。 用于大系统时，容易产生遗漏和错误。 该方法不能分析平行产生的后果，不能进行详细分析。 事件树的大小随着问题中变量个数呈指数增长	事件树可以用来分析系统故障、设备失效、工艺异常、人的失误等，应用比较广泛
	影响图方法	影响图能够明显地表示一个决策分析问题中变量之间的条件独立关系。 能够清晰地表示变量之间的时序关系、信息关系和概率关系。这种图形表示方式适合决策者认识问题的思维过程。 影响图的网络表示形式便于用计算机存储信息与操作处理	节点的边缘概率和节点间的条件概率难得到。 进行主观概率估计时，可能会违反概率理论	影响图方法与事件树法适用性类似，由于影响图方法比事件树法有更多的优点，因此，也可以应用于较大的系统分析
	原因—结果分析法	原因—结果分析法实质是事件树法和事故树法的结合使用，因此，它同时具有这两种方法的优点和缺点		其适用性与事故树法和事件树法类似，适用于在设计、操作时用来辨识事故的可能结果及原因。不适用于大型系统
	风险评价矩阵法	根据系统层次按次序揭示系统、分系统和设备中的危险源，做到不漏任何一项，并按风险的可能性和严重性分类，以便分别按轻重缓急采取措施，更适合现场作业，可以进行定性和定量分析	主观性比较强，如果经验不足，会给分析带来麻烦。 风险严重等级及风险发生频率是研究者自行确定的，存在较大的主观误差	该方法可根据使用的需求对风险等级划分进行修改，使其适用不同的分析系统，但要有一定的工程经验和数据资料做依据。其既可适用于整个系统，又可以适用于系统中某一环节
定量分析方法	模糊数学综合评判法	模糊数学综合评判法给出了一个数学模型，它简单、容易掌握，是对多因素、多层次的复杂问题评判效果比较好的方法，适用性较广	模糊数学综合评判法隶属函数或隶属度的确定、评价因素对评价对象的权重的确定都有很大的主观性，其结果也存在较大的主观性	模糊数学综合评判方法适用于任何系统的任何环节，其适用性比较广

续上表

分类	名称	优点	缺点	适用范围
定量分析方法	模糊数学综合评判法		同时对于多因素、多层次的复杂评价，其计算则比较复杂	
	层次分析法	具有适用、简洁、使用和系统的特点	AHP得出的结果是粗略的方案排序。对于那种有较高定量要求的决策问题，单纯应用APH的使用过程中，无论建立层次结构还是构造判断矩阵，人的主观判断、选择、偏好对结果的影响极大，判断失误即可能造成决策失误，这就使得用APH进行决策主观成分很大	应用领域比较广阔，可以分析社会、经济以及科学管理领域中的问题。适用于任何领域的任何环节，但不适用于层次复杂的系统
	蒙特卡洛模拟法	能够用于包括随机变量在内的任何计算类型。 考虑的变量数目不受限制。 用于计算的随机变量可以根据具体数据采用任何分布形式。 可以更有效地发挥专家的作用	能够在实际中采取的模拟系统非常复杂，建立模型很困难。 没有计入风险因素之间的相互影响，使得风险估计结果可能偏小	比较适合在大中型项目中应用。可以解决许多复杂的概率运算问题，以及适合于不允许进行真实试验的场合。对于那些费用高的项目或费时长的试验，具有很好的优越性。 一般只在进行较精细的系统分析时才使用，他适用于问题比较复杂，要求精度较高的场合，特别是对少数可行方案实行精选比较时十分必要
	等风险图法	该方法的优点是方便直观、简单有效，对任何一个具体项目，只要得到其风险发生概率和风险后果，就可直接得到其风险系数	该方法需要得到风险发生概率和风险后果两个变量值，而这两个值在实际操作中不易得到，需要借助其他分析方法，因此，也含有其他分析方法的缺点。同时，根据等风险图只能确定风险系数位于哪一个区间内，如果想得到具体数值，还需要进行计算	该方法适用于对结果要求精确度不高，只需要进行粗略分析的项目，同时，如果只进行一个项目一个方案分析，该方法相对繁琐，所以该方法适用于多个类似项目同时分析或一个项目的多个方案比较分析时使用
	控制区间记忆模型	该方法用直方图代替变量的概率分布，用“和”代替函数积分，变量的概率分布采取经验分布形式，使风险因素量化过程变得简单、直观，并且易于实现概率的加法和乘法计算	该方法只适合于各变量间相互独立的情况，且最终结果的精确与否与所取区间大小有很大关系	该模型适用于结果精确要求不高的项目，且只适用于变量间相互独立或相关性可忽略的项目

续上表

分类	名称	优点	缺点	适用范围
定量分析方法	神经网络方法	具有很强的学习能力、抗故障性和并行性	神经网络综合评估模型在已知数据不足或无法准确构造训练样本集的情况下，需要结合其他综合评估方法得到训练样本集，才能实现对网络的训练	预测问题，原因和结果的关系模糊的场合。 模式辨识，设计模糊信息的场合。 不一定非要得到最优解，主要是快速求得与之相近的次优解的场合。 组合数量非常多，实际求解集合不可能的场合。 对非线性很高的系统进行控制的场合
	主成分分析法	能将多个指标转化为少数几个指标进行降维处理。 能够将指标之间的关联性考虑在内，但计算比较简单。 在大样本的情况下，个别样本对主成本的影响不会很大	评价标准的不可继承性。 评价工作的盲目性。 评价结果和评价指导思想的矛盾性。 需借助较多的统计资料	主成分分析法可适用于各个领域，但其结果只是在比较相对大小时才有意义
综合分析方法	专家信心指数法	具有德尔菲法的优点，一定程度上克服了德尔菲法受个人主观因素影响大的缺点	同德尔菲法	同德尔菲法
	模糊层次综合评估方法	同时拥有了层次分析法和模糊数学综合评判法的优点。 该方法克服了模糊数学综合评判法中评价因素对评价对象的权重确定主观性强等缺点	除了模糊数学综合评判法的权重确定的主观性的缺点之外，同时具有层次分析法和模糊数学综合评判法的缺点	其适用范围与模糊数学综合评判法一致
	模糊事故树分析法	兼有模糊数学综合评判法和事故树法的优点。 避免了对统计资料的强烈依赖性，为事故概率的估计提供了新思路	除了对统计资料的强烈依赖性之外，同时具有模糊数学综合评判法和事故树法的缺点	适用范围与事故树法相同，与事故树法相比，更适用于那些缺乏基本统计数据的项目
	事故树与模糊综合评判组合分析法	兼有事故树法和模糊数学综合评判法的优点。 避免了在确定因素集过程中出现错漏。 对风险影响系数大的因素进行分析，得到的结果更科学、合理	除了模糊数学综合评判法的权重确定的主观性的缺点之外，同时具有事故树法和模糊综合评判法的缺点	适用范围与事故树法相同

附录C　标志标牌制作、安装和设置要求

C.1　标志标牌制作

（1）禁止标志的基本形式（附图C.1-1）

禁止标志的制作要求按现行《安全标志及其使用导则》（GB 2894）执行。

（2）警告标志的基本形式（附图C.1-2）

附图C.1-1　禁止标志的基本形式
（尺寸单位：mm）

附图C.1-2　警告标志的基本形式
（尺寸单位：mm）

警告标志的制作要求按现行《安全标志及其使用导则》（GB 2894）执行。

（3）指令标志的基本形式（附图C.1-3）

指令标志的制作要求按现行《安全标志及其使用导则》（GB 2894）执行。

（4）提示标志的基本形式（附图C.1-4）

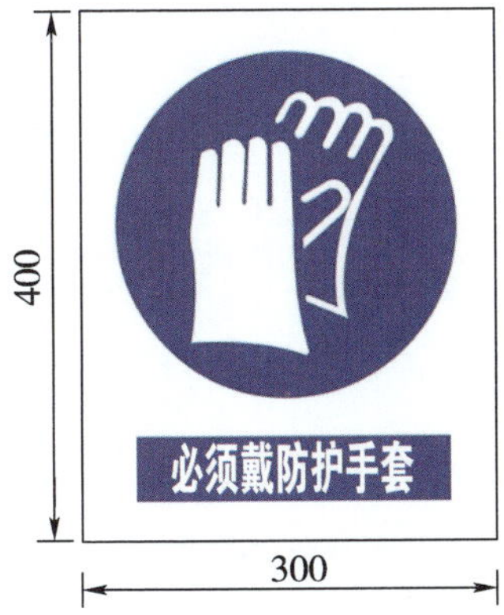

附图C.1-3　指令标志的基本形式
（尺寸单位：mm）

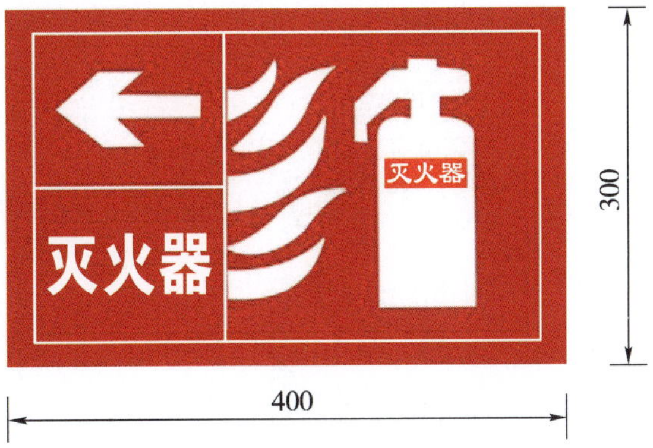

附图C.1-4　提示标志的基本形式
（尺寸单位：mm）

提示标志的制作要求按现行《安全标志及其使用导则》（GB 2894）执行。

（5）安全员袖标的基本形式（附图C.1-5）

（6）胸卡的基本形式（附图C.1-6）

附图C.1-5　安全员袖标
（红布白字，尺寸单位：mm）

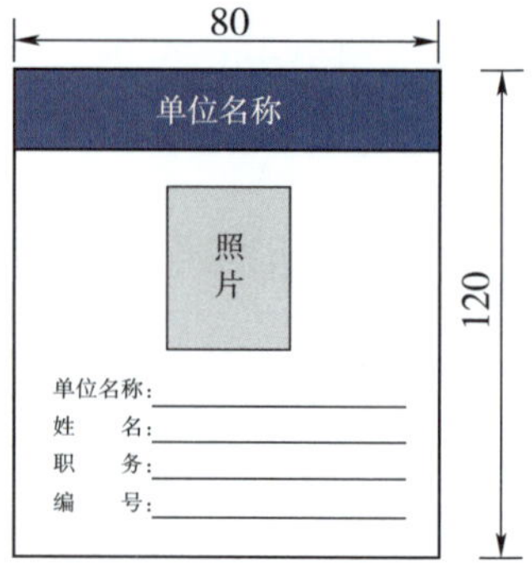

附图C.1-6　胸卡的基本形式
（尺寸单位：mm）

使用规定：建设、设计、监理等单位人员佩戴白色胸卡；施工单位管理人员佩戴蓝色胸卡。

（7）400×300标牌的基本形式（附图C.1-7）

（8）800×600标牌的基本形式（附图C.1-8）

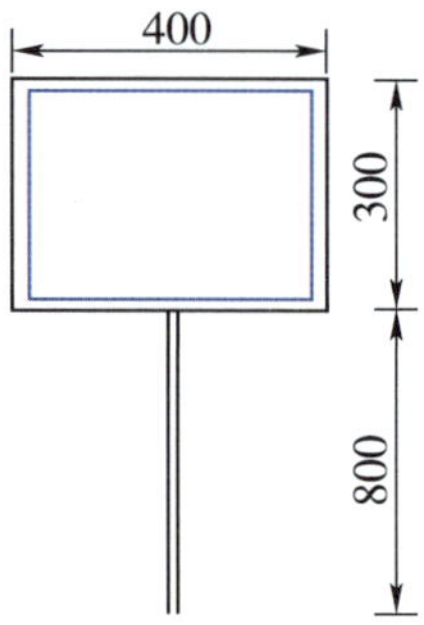

附图C.1-7　400×300标牌的基本形式
（尺寸单位：mm）

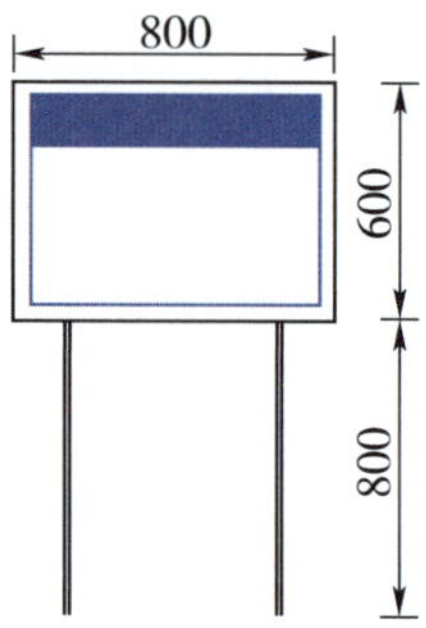

附图C.1-8　800×600标牌的基本形式
（尺寸单位：mm）

（9）600×800标牌的基本形式（附图C.1-9）

（10）1 500×2 000标牌的基本形式（附图C.1-10）

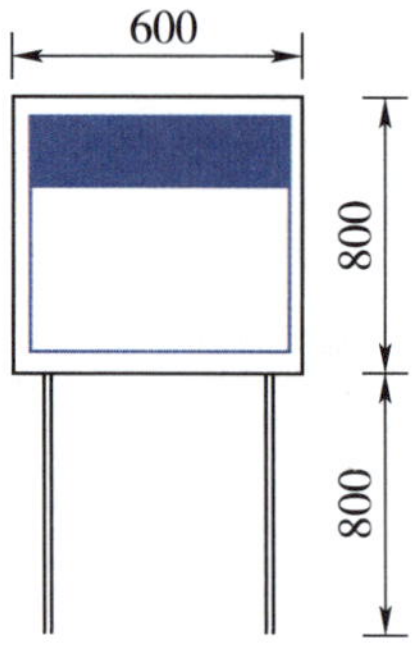

附图C.1-9　600×800标牌的基本形式
（尺寸单位：mm）

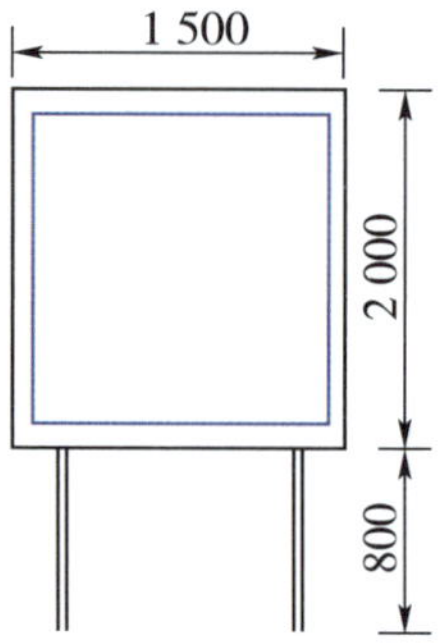

附图C.1-10　1 500×2 000标牌的基本形式
（尺寸单位：mm）

（11）2 000×1 500标牌的基本形式（附图C.1-11）

（12）2 500×2 000标牌的基本形式（附图C.1-12）

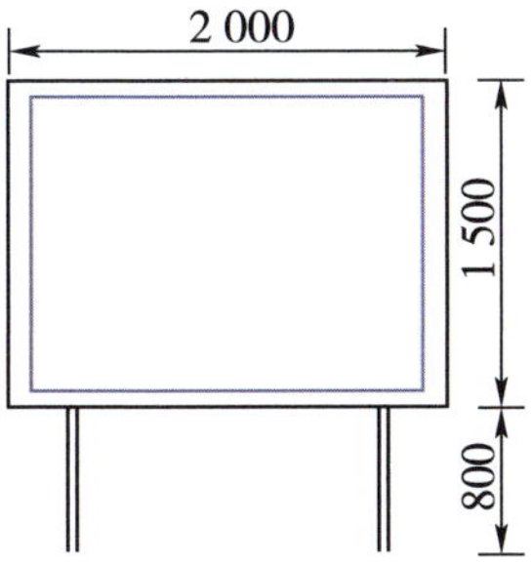

附图C.1-11　2 000×1 500标牌的基本形式（尺寸单位：mm）

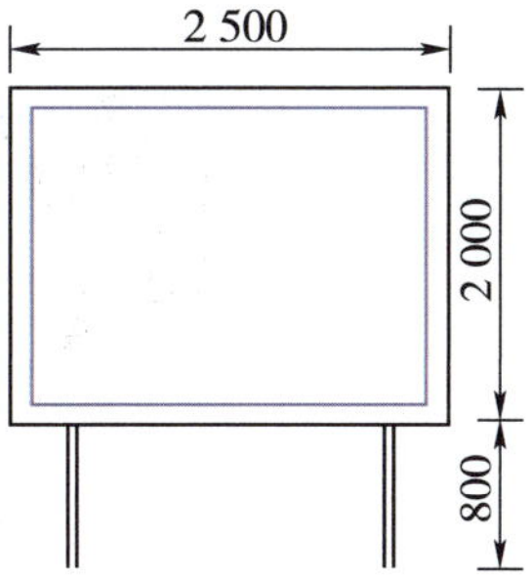

附图C.1-12　2 500×2 000标牌 的基本形式（尺寸单位：mm）

C.2　标志标牌设置

（1）禁止标志（附表C.2-1）

附表C.2-1　禁止标志设置要求

序号	名称	图形	制作要求	安装要求	设置范围和部位
1	禁止放易燃物		尺寸为 300mm×400mm	悬挂或粘贴	钢筋加工场电焊作业区、涵洞电焊作业区、桥梁电焊作业区、预制场电焊作业区等具有明火设备或高温的作业场所，各种焊接、切割等动火场所
2	禁止合闸		尺寸为 300mm×400mm	悬挂或粘贴	总配电箱、二级配电箱、开关箱等用电设备相应开关处

续上表

序号	名称	图形	制作要求	安装要求	设置范围和部位
3	禁止攀登		尺寸为 300mm × 400mm	悬挂或粘贴	混凝土储存罐下方等不允许攀爬的有危险的建筑物、构筑物、设备处
4	禁止抛物		尺寸为 300mm × 400mm	悬挂或粘贴	桥梁人工挖孔桩孔口，桥梁墩身施工每节操作平台及走道，桥梁桥面临边处，隧道洞内作业平台，台车（架）顶部等高处作业现场，深沟（坑）等抛物易伤人的地点
5	禁止入内		尺寸为 300mm × 400mm	悬挂或粘贴	易造成事故或对人员有伤害的场所，高压设备室、配电房等入口处
6	禁止停留		尺寸为 300mm × 400mm	悬挂或粘贴	危险路口、钢筋加工场吊装作业区、预制场吊装作业区、混凝土拌和站输送带下方、桥梁预制梁架设区下方等对人员具有直接危险的场所

续上表

序号	名称	图形	制作要求	安装要求	设置范围和部位
7	禁止烟火		尺寸为300mm×400mm	悬挂或粘贴	钢筋加工场，预制场，桥梁、隧道施工现场氧气瓶及乙炔瓶存放区，混凝土拌和站油罐等易燃易爆堆放处和有乙类火灾危险物质的场所
8	禁止堆放		尺寸为300mm×400mm	悬挂或粘贴	应急通道、安全通道及施工操作平台等处
9	禁止暴晒	禁止暴晒	尺寸为300mm×400mm，白底红字	悬挂或粘贴	钢筋加工场，预制场，桥梁、隧道施工现场氧气瓶及乙炔瓶存放区和使用氧气瓶、乙炔瓶区域等易燃、易爆物等处
10	禁止掉落焊花	禁止掉落焊花	尺寸为300mm×400mm，白底红字	悬挂或粘贴	桥梁跨河/路施焊处等，跨越或紧邻通航河道、铁路、公路等施焊场所
11	禁止翻越防护栏	禁止翻越防护栏	尺寸为300mm×400mm，白底红字	悬挂或粘贴	设立防护栏或邻近既有线施工现场的防护栏
12	禁止倾倒垃圾	禁止倾倒垃圾	尺寸为300mm×400mm，白底红字	悬挂或粘贴	施工现场的作业平台

续上表

序号	名称	图形	制作要求	安装要求	设置范围和部位
13	禁止排放油污		尺寸为300mm×400mm，白底红字	悬挂或粘贴	施工现场水上作业平台
14	禁止向水中排放泥浆		尺寸为300mm×400mm，白底红字	悬挂或粘贴	施工现场水上钻孔平台
15	5km限速牌		尺寸为直径60cm，白底黑字	悬挂或粘贴	场内道路及隧道洞口设置5km限速牌，隧道成洞段处设置15km限速牌
16	施工重地闲人免进		尺寸为300mm×400mm，白底红字	悬挂或粘贴	拌和站、加工场、制梁场（预制场）、现浇梁、隧道洞口、施工工地等现场的出入口、重点部位的醒目位置
17	机房重地闲人免进		尺寸为300mm×400mm，白底红字	悬挂或粘贴	拌和站、制梁场（预制场）的控制室和发电机房、抽水机房等处
18	锅炉重地闲人免进		尺寸为300mm×400mm，白底红字	悬挂或粘贴	预制场锅炉房入口处所

（2）警告标志（附表C.2-2）

附表C.2-2　警告标志设置要求

序号	图形名称	图形	制作要求	安装要求	设置范围和部位
1	当心触电		尺寸为 300mm × 400mm	悬挂或粘贴	桥梁配电箱（柜），钢筋加工场开关箱，涵洞开关箱，混凝土拌和站开关箱；钢筋加工场电焊作业区，涵洞电焊作业区，桥梁电焊作业区，预制场电焊作业区；隧道用电设备，隧道洞内外变压器等有可能发生触电危险的电器设备和线路、配电箱（柜）、开关箱、变压器、用电设备处
2	当心吊物		尺寸为 300mm × 400mm	悬挂或粘贴	钢筋加工场吊装作业区，预制场吊装作业区等有吊装设备作业的场所
3	当心弧光		尺寸为 300mm × 400mm	悬挂或粘贴	钢筋加工场电焊作业区，涵洞电焊作业区，桥梁电焊作业区，预制场电焊作业区等由于弧光可能造成眼部伤害的各种焊接作业场所
4	当心火灾		尺寸为 300mm × 400mm	悬挂或粘贴	可燃物质的储运、使用等场所，钢筋加工场、涵洞、桥梁、预制场电气焊作业区，涵洞易燃易爆处等易发生火灾的危险场所
5	当心机械伤人		尺寸为 300mm × 400mm	悬挂或粘贴	钢筋加工场机械设备处，涵洞机械设备处，桥梁机械设备处，预制场机械设备处，桥梁钻孔作业区等易发生机械卷入、轧压、碾压、剪切等机械伤害的作业场所

续上表

序号	图形名称	图形	制作要求	安装要求	设置范围和部位
6	当心坑洞		尺寸为 300mm × 400mm	悬挂或粘贴	桥梁钻孔桩孔口等预留孔洞及各种深坑的上方，具有坑洞易造成伤害的作业地点
7	当心落物		尺寸为 300mm × 400mm	悬挂或粘贴	桥梁墩身下方落物区域，桥梁预制梁架设下方，桥梁交叉作业区，隧道洞口作业平台，台车（架）栏杆下方等高处作业立体交叉作业等的下方，易发生落物危险的地点
8	当心塌方		尺寸为 300mm × 400mm	悬挂或粘贴	边坡及土方作业的深坑、深槽，路基路堑开挖处，路基抗滑桩施工处等易发生塌方危险的地段
9	当心中毒		尺寸为 300mm × 400mm	悬挂或粘贴	桥梁人工挖孔桩孔口等易产生有毒、有害气体的场所
10	当心扎脚		尺寸为 300mm × 400mm	悬挂或粘贴	隧道洞口作业平台、台车（架）栏杆下方易造成脚部伤害的作业地点

续上表

序号	图形名称	图形	制作要求	安装要求	设置范围和部位
11	当心坠落		尺寸为 300mm × 400mm	悬挂或粘贴	混凝土拌和站储存罐下方，桥梁人工挖孔桩孔口，桥梁墩身施工每节操作平台及走道，隧道洞内作业平台，台车（架）顶部，预制场材料罐下等易发生坠落事故的作业地点
12	注意安全		尺寸为 300mm × 400mm	悬挂或粘贴	涵洞防护栏杆上，混凝土拌和站主要道路旁，混凝土拌和站沉淀池防护栏杆上，混凝土拌和站油罐、氧气瓶、乙炔瓶存放区，既有线施工现场，桥梁醒目位置，桥梁基坑防护栏杆上，隧道洞口，预制场沉淀池防护栏杆上等易造成人员伤害的场所及设备等处
13	当心落石		尺寸为 300mm × 400mm，黄底黑字	悬挂或粘贴	隧道入口处、路基砌筑边坡等易落石的地段
14	当心碰头		尺寸为 300mm × 400mm，黄底黑字	悬挂或粘贴	桥梁等施工现场狭小、低矮通道处
15	保护森林，注意防火		尺寸为 15 00mm × 2 000mm/字（以“保”字为例），红底白字	竖立	隧道等临近林区施工场所
16	高压危险		尺寸为 300mm × 400mm，黄底黑字	悬挂或粘贴	钢筋加工场配电室（柜），混凝土拌和站配电室（柜），隧道洞内外变压器等施工场所变压器、高压电力设备等处

续上表

序号	图形名称	图形	制作要求	安装要求	设置范围和部位
17	前方施工减速慢行		尺寸为800mm×600mm，黄底黑字	竖立	隧道洞口作业平台，台车（架）栏杆下方，隧道洞内成洞段等跨越（邻近）道路施工处
18	进入施工现场请减速慢行		尺寸为800mm×600mm，黄底黑字	竖立	施工现场工地出入口的醒目位置，场站出入口及工点路口处

（3）指令标志（附表C.2-3）

附表C.2-3　指令标志设置要求

序号	图形名称	图形	制作要求	安装要求	设置范围和部位
1	必须穿防护鞋		尺寸为300mm×400mm	悬挂或粘贴	隧道洞口等易伤害脚部的作业场所，具有腐蚀、灼热、触电、碰（刺）伤等危险的作业地点
2	必须戴安全帽		尺寸为300mm×400mm	悬挂或粘贴	涵洞防护栏杆上，路基、桥梁醒目位置，隧道洞口等头部易受外力伤害的作业场所
3	必须戴防护面罩		尺寸为300mm×400mm	悬挂或粘贴	钢筋加工场电焊作业区、涵洞电焊作业区、桥梁电焊作业区、预制场电焊作业区等易造成人体紫外线辐射的作业场所

续上表

序号	图形名称	图形	制作要求	安装要求	设置范围和部位
4	必须戴防护手套		尺寸为 300mm×400mm	悬挂或粘贴	钢筋加工场电焊作业区、涵洞电焊作业区、桥梁电焊作业区、预制场电焊作业区、钢筋加工场气割作业区、涵洞气割作业区、桥梁气割作业区、预制场气割作业区等易伤害手部的作业场所，具有腐蚀、污染、灼热、冰冻及触电危险等作业场所
5	必须戴防护眼镜		尺寸为 300mm×400mm	悬挂或粘贴	钢筋加工场气割作业区、涵洞气割作业区、桥梁气割作业区、预制场气割作业区等对眼睛有伤害的作业场所
6	必须系安全带		尺寸为 300mm×400mm	悬挂或粘贴	桥梁高处作业区、隧道作业平台、台车（架）顶部等易发生坠落危险的作业场所
7	注意通风		尺寸为 300mm×400mm	悬挂或粘贴	隧道洞口等空气不流通，易发生窒息、中毒等作业场所
8	进入施工现场必须戴安全帽		尺寸为 300mm×400mm	悬挂或粘贴	施工现场的工地出入口醒目位置、隧道洞口等

续上表

序号	图形名称	图形	制作要求	安装要求	设置范围和部位
9	泥浆池危险请勿靠近		尺寸为300mm×400mm，蓝底白字	悬挂或粘贴	桥梁泥浆池防护栏杆
10	沉淀池危险请勿靠近		尺寸为300mm×400mm，蓝底白字	悬挂或粘贴	拌和站、制梁场（预制场）沉淀池防护栏杆上
11	张拉危险请勿靠近		尺寸为300mm×400mm，蓝底白字	悬挂或粘贴	制梁场（预制场）现浇梁预应力张拉作业区
12	基坑危险请勿靠近		尺寸为300mm×400mm，蓝底白字	悬挂或粘贴	涵洞、桥梁基坑靠便道侧防护栏
13	必须系安全绳		尺寸为300mm×400mm，蓝底白字	悬挂或粘贴	桥梁频繁移动且无法系安全带的高处作业、临边作业、悬空作业等场所

（4）提示标志（附表C.2-4）

附表C.2-4　提示标志设置要求

序号	图形名称	图形	制作要求	安装要求	设置范围和部位
1	灭火器提示标志		尺寸为300mm×400mm	悬挂或粘贴	涵洞易燃易爆处等需指示灭火器的处所
2	灭火设备提示标志		尺寸为300mm×400mm	悬挂或粘贴	钢筋加工场、混凝土拌和站醒目位置等需指示灭火设备的处所

（5）标牌（附表C.2-5）

附表C.2-5　标牌设置要求

序号	图形名称	图形	制作要求	安装要求	设置范围和部位
1	工程概况牌		尺寸一般为2 500mm×2 000mm（在大型枢纽等工程处可根据现场情况确定尺寸）	竖立	桥梁、隧道、站场、拌和站、梁场等重点工程的醒目位置，施工现场工地出入口醒目位置
2	质量安全目标牌		尺寸一般为2 500mm×2 000mm（在大型枢纽等工程处可根据现场情况确定尺寸）	竖立	桥梁、隧道、站场、拌和站、梁场等重点工程的醒目位置，施工现场工地出入口醒目位置
3	环保目标公示牌		尺寸一般为2 500mm×2 000mm（在大型枢纽等工程处可根据现场情况确定尺寸）	竖立	桥梁、隧道、站场、拌和站、梁场等重点工程的醒目位置，施工现场工地出入口醒目位置
4	工程公示牌		尺寸一般为2 500mm×2 000mm（在大型枢纽等工程处可根据现场情况确定尺寸）	竖立	桥梁、隧道、站场、拌和站、梁场等重点工程的醒目位置，施工现场工地出入口醒目位置
5	管理人员名单及监督电话牌	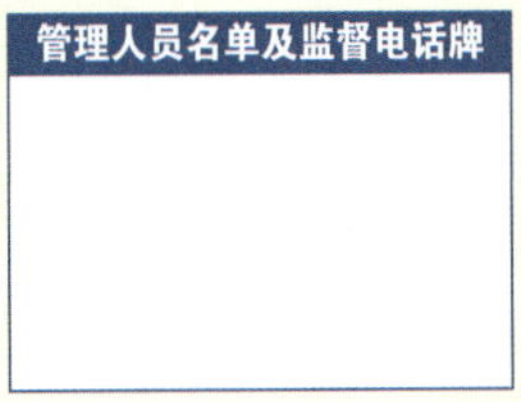	尺寸一般为2 500mm×2 000mm（在大型枢纽等工程处可根据现场情况确定尺寸）	竖立	桥梁、隧道、站场、拌和站、梁场等重点工程的醒目位置，施工现场工地出入口醒目位置
6	安全文明施工牌		尺寸一般为2 500mm×2 000mm（在大型枢纽等工程处可根据现场情况确定尺寸）	竖立	桥梁、隧道、站场、拌和站、梁场等重点工程的醒目位置，施工现场工地出入口醒目位置

续上表

序号	图形名称	图形	制作要求	安装要求	设置范围和部位
7	重大风险源告知牌	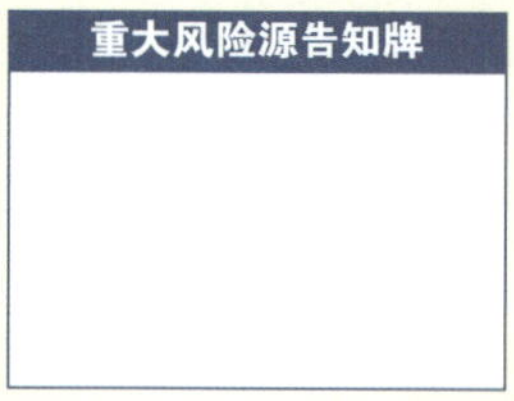	尺寸一般为2 500mm×2 000mm（在大型枢纽等工程处可根据现场情况确定尺寸）	竖立	桥梁、隧道、站场、拌和站、梁场等重点工程的醒目位置，施工现场工地出入口醒目位置
8	施工现场布置图		尺寸一般为2 500mm×2 000mm（在大型枢纽等工程处可根据现场情况确定尺寸）	竖立	桥梁、隧道、站场、拌和站、梁场等重点工程的醒目位置，施工现场工地出入口醒目位置
9	施工标识牌	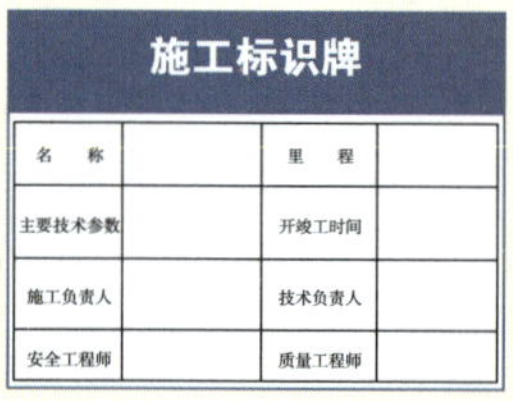	尺寸一般为700mm×500mm（在大型枢纽等工程处可根据现场情况确定尺寸）	竖立或悬挂	单位工程、分部工程、分项工程施工处
10	机械设备标识牌	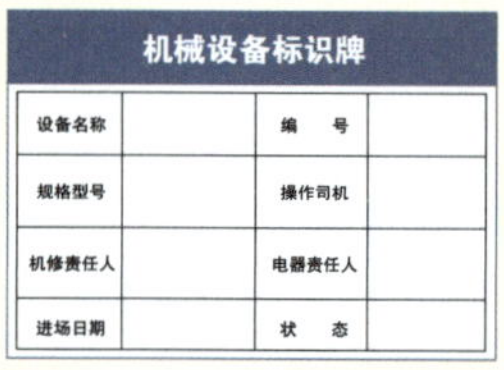	尺寸为400mm×300mm	悬挂、粘贴	施工机械设备处
11	材料标识牌	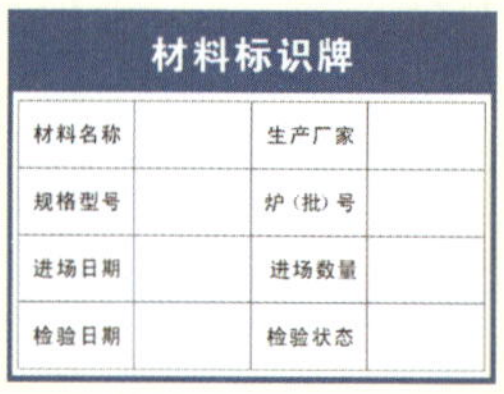	尺寸为400mm×300mm	竖立	储料区
12	（半）成品材料标识牌	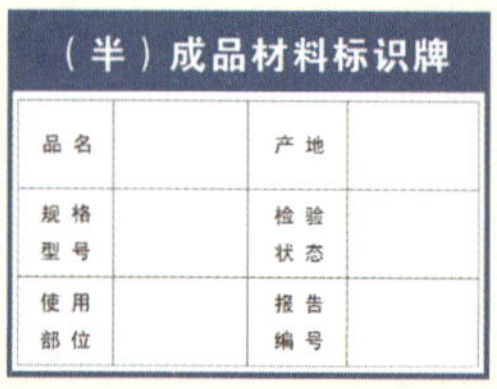	尺寸为400mm×300mm	竖立、悬挂	各种材料的半成品、成品存放区
13	配合比标识牌		尺寸为800mm×600mm	竖立、悬挂	拌和机及拌和楼操作室

续上表

序号	图形名称	图形	制作要求	安装要求	设置范围和部位
14	项目负责人代班公示牌	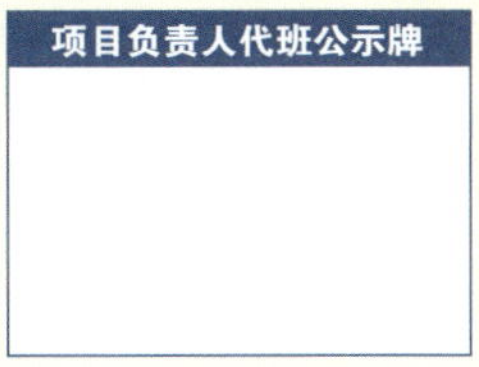	尺寸为 800mm × 600mm	竖立、悬挂	施工现场
15	× × 操作规程公示牌	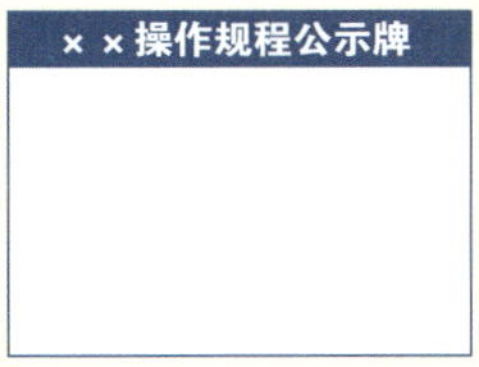	尺寸为 2 000mm × 1 500mm	竖立	施工场地醒目位置
16	应急救援流程图		尺寸为 1 500mm × 2 000mm	竖立	隧道洞口，施工现场值班室
17	应急联系电话公示牌		尺寸为 1 500mm × 2 000mm	竖立	施工场所